어서 와,
초등 비문학은
처음이지?

 상

권희린 글 | 편히 그림

　《어서 와, 초등 비문학은 처음이지?》라는 제목을 보고 '비문학'이라는 말이 낯설게 느껴지는 친구들이 있을지도 모릅니다. 지금까지 읽어 온 동화책이나 이야기책은 '문학'에 속하고, 이 책은 우리가 살아가는 세상의 다양한 모습과 지식을 담은 '비문학'을 다루기 때문입니다. 문학이 상상의 세계를 열어 준다면, 비문학은 현실의 문제와 지식을 통해 더 넓은 세상을 바라보게 합니다.

　바로 이런 이유로 초등 시절부터 비문학을 경험하는 것이 필요합니다. 좋아하는 책을 마음껏 읽는 즐거움은 소중하지만, 한 가지 분야에만 머무르면 시야가 좁아질 수 있습니다. 경제, 과학, 역사, 환경처럼 다양한 분야를 두루 접할 때 세상을 보는 눈이 깊어지고, 서로 다른 지식을 연결해 새로운 생각을 떠올릴 힘이 길러집니다. 이 책은 그런 힘을 차근차근 키워 갈 수 있도록, 초등학생이 꼭 알아야 할 주제를 쉽고도 흥미롭게 풀어냈습니다.

　책 속에는 10가지 주제가 담겨 있습니다. '키오스크'를 다룬 글에서는 기술의 편리함뿐 아니라 노인이나 장애인이 겪는 어려움도 함께 살펴보고, '좀비'를 다룬 글에서는 영화 속 괴물이 아닌 실제 역사 속 비극을 통해 우리가 잊지 말아야 할 의미를 생각해 봅니다. 이런 글을 읽고 나면 "기술은 모두에게 이로울까?", "과거의 사건은 오늘날 우리에게 어떤 교훈을 줄까?"와 같은 질문을 스스로 던지게 될 것입니다. 글을 단순히 읽는 데서 그치지 않고 생각을 확장하는 힘을 기르는 것이 바로 비문학 읽기의 가치입니다.

이 책을 활용하는 방법은 간단합니다. 하루 30분, 지문을 읽고 낯선 어휘를 정리하며 짧게 요약하고 나만의 생각을 덧붙여 보세요. 이런 작은 습관이 쌓이면 세상을 바라보는 눈이 달라지고, 비문학에 대한 두려움도 사라질 것입니다.

《어서 와, 초등 비문학은 처음이지?》는 단순히 국어 공부를 위한 책이 아닙니다. 세상을 이해하는 새로운 길을 열어 주는 책, 그리고 매일 조금씩 다른 세계를 만나는 즐거움을 알려 주는 책입니다. 책장을 펼칠 때마다 새로운 여행을 떠난다는 마음으로 이 책과 함께하길 바랍니다. 여러분의 첫 비문학 여정을 이 책이 쉽고 재미있게 안내해 줄 것입니다.

권희린

이 책의 특징

Q 어떤 학생들에게 필요한 책인가요?

A 그림책이나 동화책이 아닌 긴 글로 된 책을 마주하면 읽기 어려운 초등학생을 위한 책입니다.

Q 왜 이 시리즈를 읽어야만 하는 건가요?

A 이 책은 단순히 읽고 끝내는 비문학 책이 아닙니다. 10가지 다양한 주제를 초등학생 눈높이에 맞게 풀어내면서도, 글을 읽고 나서 내 삶과 연결해 생각해 볼 수 있는 질문, 과거의 사건이 오늘날에 끼친 영향을 비판적으로 살펴보는 질문을 함께 담고 있습니다.

Q 예를 들어 자세히 설명한다면요?

A ADHD를 가진 친구들이 교실에서 분리되는 것이 긍정적일지 부정적일지를 고민해 보는 질문은 학교생활 속 내 경험과 연결해 생각하게 하고, '테세우스의 배'와 같은 철학적 질문은 정체성과 변화에 대해 깊이 탐구하게 합니다. 또 콜럼

버스 항해의 양면성을 살펴보는 질문은 역사적 사건이 지금 사회에 어떤 영향을 남겼는지 비판적으로 바라보게 합니다.

Q 왜 권희린 선생님인가요?

A 17년 차 교사이자 초등학생 자녀를 둔 학부모로, 오랜 시간 학교 현장에서 학생들과 책을 매개로 소통해 온 선생님입니다. 전국 교육청에서 문해력과 독서 지도를 주제로 교사 직무연수 강사로 활동하며, 학생들의 꾸준한 독서 습관을 돕는 프로그램을 운영하고 있습니다.

Q 어떤 마음으로 이 책을 집필하셨나요?

A 비문학은 어렵고 지루하다는 편견을 깨고, 초등학생들이 다양한 주제의 비문학 지문을 쉽고 재미있게 만날 수 있도록 이 책을 집필했습니다.

Q 부모님에게 어떤 도움을 줄 수 있나요?

A 중학교 진학 전에 문해력과 어휘력을 키우는 기초 연습을 할 수 있도록 돕습니다. 신문이나 교과서 혹은 두꺼운 책을 읽기 싫어하는 아이들에게 진입 장벽을 낮춰 접근합니다.

이 책의 활용법

지문을 단순히 읽고 지나가는 데 그치지 않고, 먼저 **일러스트**로 아이들의 흥미를 유발시킵니다.

본문 내용을 읽은 후, **어휘 정리**와 **문단 요약**을 통해 글의 내용을 정확히 이해하고 정리할 수 있습니다.

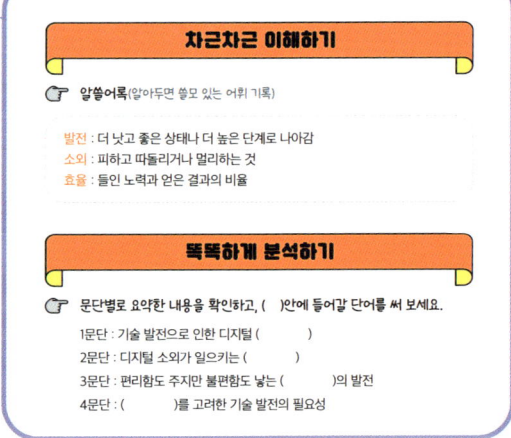

배운 내용을 자기 삶과 연결해 적용할 수 있도록 돕는 질문들이 마련된 [자유롭게 생각해 봅시다]를 통해 단순히 지식을 쌓는 데서 멈추지 않을 수 있습니다.

> **자유롭게 생각해 봅시다**
>
> ☞ 기술 발전이 사회적 약자에게 어떤 영향을 끼치고 있는지 그 사례를 조사해 보고, 그것이 어떤 문제를 가지고 있는지, 어떤 방법으로 이러한 문제를 해결할 수 있는지 여러분의 생각을 써 보세요.

> **확장해서 읽어 봅시다**
>
> '디지털 포용법'은 신기술에 익숙한 사람과 낯선 사람 사이의 차이를 줄여 주는 법입니다. 이 법은 인공 지능(AI)과 기술이 발전하면서 생기는 여러 문제를 없애기 위해 만들어졌습니다. 특히 노인, 장애인에 더해 신기술을 어려워하는 모든 사람을 배려하는 법으로 여러 내용이 담겨 있습니다.
> 첫째로 디지털 역량 센터를 만들자고 합니다. 이곳은 마치 학교처럼 사람들을 교육하면서 디지털 기술에 익숙해지도록 도와줍니다. 이렇게 하면 디지털 기술이 낯선 사람도 소외되지 않을 것입니다.
> 둘째로 키오스크를 더욱 편리하게 바꾸자고 합니다. 키오스크가 패스트푸드점, 영화관, 카페 등에서 흔히 볼 수 있는 일상적인 기계가 된 만큼 누

[확장해서 읽어 봅시다]를 통해 스스로 사고를 확장하도록 돕습니다.

이러한 과정을 반복하며 생각을 나만의 언어로 표현하며 사고력을 키울 수 있도록 하였습니다.

차례

프롤로그 … 4
이 책의 특징 … 6
이 책의 활용법 … 8

1장 사회

1. 키오스크가 어려운 사람이 이렇게나 많다고? … 16
2. 당뇨 치료제는 어떻게 비만 치료제가 되었을까? … 20
3. 기술이 발전하면 좋기만 할까? AI 발전의 부작용 … 24
4. "내 사진 SNS에 올리지 마세요." 잊힐 권리와 셰어런팅 … 28
5. 주 4일제가 도입되면 어떤 것들이 바뀔까? … 32
6. 말은 제주로, 사람은 서울로? 지방의 소멸 … 36
7. '공유지의 비극'은 이제 옛말, 함께 잘 사는 커먼즈로 … 40
8. 녹색으로 칠한다고 친환경이 아니다! 그린워싱 … 44

2장 역사

1. 조선인 착취한 사도광산의 유네스코 세계 문화 유산 등재 논란 … 50
2. 임진왜란 때 등장한 조선 최초의 흑인 용병 '해귀' … 54
3. 선덕여왕부터 클레오파트라까지, 역사를 호령한 여성 군주들 … 58
4. 좀비가 영화에만 있는 게 아니라 실제로도 존재했다고? … 62
5. 나만 몰랐던 역사 속 재미있는 뒷이야기 … 66
6. 꿈 많은 아이들에게 '어린이'라는 이름을 준 방정환 … 70
7. 한국 최초의 여성 비행사, 독립을 위해 하늘을 누빈 권기옥 … 74
8. 조선 시대에도 이혼을 할 수 있었을까? … 78

3장 인문

1. 칸트가 10년 동안 일한 집사를 보고 기절한 이유는? … 84
2. 니체가 갑자기 도로 한복판에서 말을 껴안고 운 이유 … 88
3. 행복하기 위해서 쾌락을 추구해도 될까? … 92
4. 고대 그리스 최고 철학자가 생각한 유토피아는? … 96
5. 어제와 오늘의 나는 과연 같은 사람일까? 테세우스의 배 … 100
6. 우리가 경험하는 현실이 진짜일까? 통 속의 뇌 … 104
7. '인간은 본래 선하다'더니 다섯 아이를 버린 철학자 루소 … 108
8. 쇼펜하우어, 괴롭다는 걸 알아야 행복해질 수 있다 … 112

4장 정치

1. 만 17세는 투표할 수 없고, 만 18세 이상은 할 수 있는 이유는? — 118
2. 다른 나라 선거 결과가 우리나라의 경제와 안보에 무슨 상관일까? — 122
3. 대통령, 총리, 왕까지, 나라별로 다른 정부의 형태 — 126
4. 미국은 100년, 한국은 50년, 왜 최고 형량이 차이가 날까? — 130
5. 같은 말을 쓰지만 다른 나라, 중국과 홍콩, 대만 — 134
6. 나라에 주권이 없다는 건 무슨 뜻일까? — 138
7. 세 개로 나뉘어 균형을 유지하자, 삼권분립 — 142
8. 독도를 노리는 일본과 쿠릴 열도를 노리는 러시아 — 146

5장 교육

1. AI 교과서의 장점이 클까 단점이 클까? — 152
2. 숙제 대신해 주는 AI, 도움보다는 독이다 — 156
3. 입학생 0명, 폐교되는 학교와 저출생 문제 — 160
4. 학교도 다니고 대회도 나가고, 체육특기생의 하루 — 164
5. 손 글씨가 학습에 효과적이라고? — 168
6. 저출생이 사교육이랑 무슨 상관? 중국의 사교육 금지령 — 172
7. 범죄를 저질러도 처벌을 받지 않는다고? — 176
8. ADHD? 경계선 지능? 다르지만 함께 배우고 사는 법 — 180

자, 이제 비문학의 세계로 떠나 볼까요?

1장

사회

키오스크가 어려운 사람이 이렇게나 많다고?

기술 **발전**으로 인해 우리 생활은 더욱 편해졌다. 예를 들어 맥도날드 같은 곳에서 키오스크로 빠르게 주문하고 결제하는 것이 대표적이다. 하지만 모두 키오스크를 편리하다고 생각할까? 신기술이 낯선 노인과 장애인에게는 오히려 키오스크로 주문하기가 더 어려울 수 있다. 이런 현상을 우리는 '디지털 **소외**'라고 부른다.

디지털 소외는 많은 문제를 일으킨다. 첫째로 키오스크가 어른의 키에 맞춰져 있어서, 키가 작은 어린이와 휠체어를 사용하는 장애인에게는 불편하다. 둘째로 젊은 사람에게는 화면이 크고 사용하기 쉬워도, 노인에게는 복잡하게 느껴질 수 있다. 우리 주변에서도 키오스크가 낯설어 주문이 길어지자 뒷사람 눈치 때문에 주문을 포기하고 돌아서는 노인들을 흔히 볼 수 있다. 이처럼 키오스크는 편한 점도 있지만 사회적 약자를 배려하지 못하는 점도 있어 아쉽다.

컴퓨터는 우리 삶을 편리하게 만들었다. 하지만 모두가 컴퓨터를 잘 다루는 게 아니기 때문에 컴퓨터가 낯선 노인과 컴퓨터가 없는 저소득층은 큰 불편을 겪게 되었다.

기술이 발전하면 사회는 **효율**적으로 변한다. 그러나 그 속에서 소외되는 이들의 어려움을 잊지 말아야 한다. 기술은 모두를 위한 도구일 때 가장 가치 있는 것이다.

차근차근 이해하기

👉 알쓸어록(알아 두면 쓸모 있는 어휘 기록)

발전: 더 낫고 좋은 상태나 더 높은 단계로 나아감
소외: 피하고 따돌리거나 멀리하는 것
효율: 들인 노력과 얻은 결과의 비율

똑똑하게 분석하기

👉 문단별로 요약한 내용을 확인하고, (   )안에 들어갈 단어를 써 보세요.

1문단: 기술 발전으로 인한 디지털 (   )
2문단: 디지털 소외가 일으키는 (   )
3문단: 편리함도 주지만 불편함도 낳는 (   )의 발전
4문단: (   )를 고려한 기술 발전의 필요성

자유롭게 생각해 봅시다

👉 기술 발전이 사회적 약자에게 어떤 영향을 끼치고 있는지 그 사례를 조사해 보고, 그것이 어떤 문제를 가지고 있는지, 어떤 방법으로 이러한 문제를 해결할 수 있는지 여러분의 생각을 써 보세요.

확장해서 읽어 봅시다

'디지털 포용법'은 신기술에 익숙한 사람과 낯선 사람 사이의 차이를 줄여 주는 법입니다. 이 법은 인공 지능(AI)과 기술이 발전하면서 생기는 여러 문제를 없애기 위해 만들어졌습니다. 특히 노인, 장애인에 더해 신기술을 어려워하는 모든 사람을 배려하는 법으로 여러 내용이 담겨 있습니다.

첫째로 디지털 역량 센터를 만들자고 합니다. 이곳은 마치 학교처럼 사람들을 교육하면서 디지털 기술에 익숙해지도록 도와줍니다. 이렇게 하면 디지털 기술이 낯선 사람도 소외되지 않을 것입니다.

둘째로 키오스크를 더욱 편리하게 바꾸자고 합니다. 키오스크가 패스트푸드점, 영화관, 카페 등에서 흔히 볼 수 있는 일상적인 기계가 된 만큼 누구나 사용하기 쉽게 만들어야 한다는 규정을 만들었습니다. 만약 키오스크 제조사가 이 규정을 지키지 않으면 큰 벌금을 내야 합니다.

이처럼 디지털 포용법은 기술이 모든 사람에게 도움이 되도록 만드는 중요한 법입니다. 이 법으로 인해 더 많은 사람이 기술 발전의 혜택을 누릴 수 있기를 바랍니다.

1문단: **소외**　　　　　　　　2문단: **문제점**
3문단: **컴퓨터**　　　　　　　4문단: **사회적 약자**

당뇨 치료제는 어떻게 비만 치료제가 되었을까?

당뇨병은 우리 몸의 인슐린이라는 호르몬과 관련된 병이다. 인슐린은 우리가 음식을 먹었을 때 그 안의 당분을 잘 사용할 수 있도록 도와주는 역할을 한다. 하지만 당뇨병이 있는 사람은 인슐린이 부족하거나 잘 작용하지 않아서 몸에서 당분을 제대로 사용하지 못한다. 이렇게 되면 혈당이 높아져 건강에 문제가 생길 수 있다. 그래서 당뇨병 환자들은 음식 조절과 운동을 통해 건강을 지켜야 한다.

당뇨 치료제는 혈당을 조절하고 몸이 당분을 잘 사용하도록 도와주는 약이다. 이 약 덕분에 혈당이 안정되면 몸이 당분을 에너지로 쉽게 쓸 수 있고 체중이 줄어들기도 한다. 최근에는 이 당뇨 치료제가 체중을 줄이는 데 효과가 있다고 밝혀지면서 많은 사람이 당뇨 치료제를 다이어트약으로 사용하고 있다.

하지만 당뇨 치료제를 다이어트약으로 쓰는 것은 안전하지 않을 수 있다. 당뇨 치료제는 생식기 감염이나 요로 감염 같은 부작용이 있을 수 있다. 또한 이 약은 당뇨병 환자들을 위해 만든 약이기 때문에, 다이어트 목적으로 사용할 때는 의사와 꼭 상담해야 한다.

건강한 몸을 유지하려면 올바른 음식을 먹고 운동하는 것이 가장 중요하다. 건강한 방법으로 몸을 가꾸는 것이 가장 좋은 다이어트라는 것을 잊지 말아야 한다.

차근차근 이해하기

☞ **알쓸어록**(알아 두면 쓸모 있는 어휘 기록)

인슐린: 탄수화물 대사를 조절하는 호르몬 단백질로 몸 안의 혈당량을 적게 하는 작용을 함
혈당: 혈액 속에 포함되어 있는 당
감염: 나쁜 버릇이나 풍습, 사상 등이 영향을 주어 물이 들게 함
부작용: 어떤 일에 부수적으로 일어나는 바람직하지 못한 일

똑똑하게 분석하기

☞ 문단별로 요약한 내용을 확인하고, (   )안에 들어갈 단어를 써 보세요.

1문단: 당뇨병과 (   ) 역할
2문단: 당뇨 치료제의 (   ) 효과
3문단: 당뇨 치료제의 (   )
4문단: 건강한 다이어트의 (   )

자유롭게 생각해 봅시다

☞ 당뇨 치료제를 다이어트약으로 사용하는 것이 왜 문제가 될까요? 약물의 부작용이나 올바른 사용법에 대해 자신의 생각을 써 보세요.

확장해서 읽어 봅시다

소아 당뇨는 15세 미만의 어린이들 사이에서 생기는 당뇨병입니다. 이 병은 인슐린이 부족하거나 제대로 작용하지 않아서, 우리가 먹은 음식의 당분을 잘 사용할 수 없게 되어 혈당이 높아지는 상태를 말합니다.

소아 당뇨의 원인은 유전과 생활 습관입니다. 요즘 많은 어린이가 패스트푸드, 초콜릿, 사탕, 탄산음료와 같은 단 음식을 자주 먹습니다. 이런 음식을 많이 먹으면 하루에 필요한 당분을 넘치게 먹게 되어, 혈당이 갑자기 올라갔다가 떨어지고 그러면 자주 배가 고프고 목이 마르며 쉽게 피곤해집니다. 이렇게 되면 공부에 집중하기 어렵고, 운동할 때 쉽게 지칠 수 있으며, 소아 당뇨의 위험이 커질 수 있습니다.

소아 당뇨를 예방하려면 건강한 식습관을 기르는 것이 중요합니다. 간식으로 사탕이나 탄산음료 대신 과일과 채소를 자주 먹고, 물을 많이 마시는 것이 좋습니다. 또한 하루에 최소 30분 이상 운동을 하는 것도 중요합니다. 친구들과 함께 놀거나 재미있는 취미를 즐기면서 건강한 습관을 기를 수 있습니다. 건강한 식습관과 운동은 소아 당뇨를 예방하는 데 큰 도움이 됩니다.

1문단: **인슐린** 2문단: **체중 감소**
3문단: **부작용** 4문단: **중요성**

3　기술이 발전하면 좋기만 할까?
AI 발전의 부작용

인공 지능(AI) 기술은 계속해서 발전하고 있다. 이제 AI는 이미지를 인식하고 말을 이해하며, 데이터를 분석하여 결정을 내리는 데 도움을 준다. 자동차를 스스로 운전할 수도 있다.

AI는 의료 분야에서도 큰 변화를 일으키고 있다. AI는 의료 데이터를 분석하여 질병을 빨리 발견할 수 있도록 도와준다. 또한 환자의 상태를 24시간 내내 지켜보는 시스템을 통해 더 위중한 환자를 돌보는 데 집중할 수 있도록 한다. 게다가 환자의 의료 기록과 생활 습관을 분석해 각 환자에게 맞는 치료 계획을 제안하기도 한다. 이렇게 AI는 의료 서비스의 질을 높이는 데에 도움을 준다.

하지만 AI의 발전에는 나쁜 면도 있다. 바로 딥페이크라는 기술이다. 딥페이크는 인공 지능을 이용해 사람의 얼굴을 합성하거나 목소리를 조작해 가짜 영상을 만드는 기술이다. 이렇게 만들어진 영상은 진짜와 가짜를 구별하기 어려워 사람들의 명예를 훼손할 수 있다. 이 기술은 누구나 쉽게 사용할 수 있어서 더 큰 문제가 된다. 만약 내가 모르는 사이에 내 모습을 합성한 영상이 만들어진다면 그 피해는 상상하기 어려울 것이다.

이처럼 AI는 많은 곳에서 좋은 역할을 하지만 나쁜 점도 있다. 우리가 AI를 올바르게 사용하는 방법을 생각하는 것이 필요하다.

차근차근 이해하기

☞ **알쓸어록**(알아 두면 쓸모 있는 어휘 기록)

> 분석: 복잡한 것을 풀어서 개별적인 성질로 나눔
> 합성: 둘 이상의 것을 합쳐서 하나를 이룸
> 훼손: 체면이나 명예를 손상함

똑똑하게 분석하기

☞ 문단별로 요약한 내용을 확인하고, (　　)안에 들어갈 단어를 써 보세요.

1문단: 일상생활에 (　　　)을 주는 AI
2문단: AI가 (　　　)에 미치는 영향
3문단: AI 발전으로 인한 (　　　) 문제점
4문단: AI의 올바른 사용의 (　　　)

자유롭게 생각해 봅시다

☞ AI는 다양한 분야에서 사람들의 삶을 편리하게 만들어 주고 딥페이크 기술은 영화나 예술 분야에서 창의적인 작업에 활용될 수 있어요. 하지만 문제점도 속속들이 발견되고 있는데요, AI와 딥페이크 발전을 규제해야 할까요?

확장해서 읽어 봅시다

딥페이크는 사람의 얼굴이나 목소리를 바꿔서 가짜 영상을 만드는 기술입니다. 이 기술은 나쁜 목적에 사용될 수 있기 때문에 여러 나라에서는 규제를 마련하고 있습니다.

한국에서는 2020년부터 '지능 정보화 기본법'이라는 법을 시행하고 있습니다. 이 법은 AI 기술이 안전하게 발전하도록 도와주고, 동시에 윤리적인 문제도 생각합니다. 최근에는 국회에서 '허위 조작 AI 영상물 유통 규제법'을 논의하고 있습니다.

미국에서는 2021년 10월에 '인공 지능을 위한 민주주의 보호 법안'을 제안하였습니다. 이 법안은 딥페이크 기술을 규제하는 방법과 AI를 안전하게 사용하는 기준을 포함합니다. 이 법안이 통과되면 미국에서는 딥페이크를 규제할 수 있는 좋은 틀이 생길 것입니다.

유럽 연합에서는 2021년에 '인공 지능 법(AI Act)' 초안을 발표하였습니다. 이 법안은 AI 기술을 위험도에 따라 나누고, 고위험 AI 시스템에는 더 많은 규제를 둡니다. 딥페이크는 공익적인 목적이 아니면 만들지 못하도록 금지합니다.

이렇게 각국은 딥페이크 기술의 위험성을 알리고 이를 규제하려고 노력하고 있습니다.

1문단: **편리함**　　2문단: **의료 분야**
3문단: **딥페이크**　　4문단: **필요성**

"내 사진 SNS에 올리지 마세요."
잊힐 권리와 셰어런팅

Momvely

내 사진 올려도 된다고 한 적 없는데...

 Momvely

키즈카페에서 친구 기다리고 있는 우리 딸.
다들 빨리 오세요~
#육아스타그램 #화난7살 #육아일기 #맘블리 #키즈카페

오늘날 우리는 인터넷과 소셜 미디어 덕분에 정보를 쉽게 공유하고 소통할 수 있다. 하지만 이런 편리함 뒤에는 생각해 보아야 할 문제도 있다.

잊힐 권리는 인터넷에 올린 자신의 정보나 사진을 나중에 삭제할 수 있는 권리이다. 이 권리는 유럽 연합에서 법으로 인정받고 있으며, 개인이 지우고 싶은 과거의 정보가 남지 않도록 도와준다.

셰어런팅은 '공유(share)'와 '양육(parenting)'의 합성어로 부모가 자녀의 사진이나 동영상을 소셜 미디어에 올리는 것을 의미한다. 하지만 부모가 올린 자녀의 개인 정보는 나쁜 사람에게 악용될 위험이 있다. 그래서 전문가들은 부모님에게 자녀의 사생활과 정보 활용에 대해 동의를 받아야 한다고 말한다.

프랑스에서는 부모가 자녀의 동의 없이 SNS에 사진을 공유하면 벌금을 내고, 최대 1년의 징역형을 받는다. 베트남에서도 부모가 자녀의 사진을 동의 없이 올리면 고액의 벌금을 물게 된다.

잊힐 권리와 셰어런팅은 디지털 시대에서 우리가 지켜야 할 권리와 책임을 다시 생각하게 한다. 우리는 이러한 문제들에 대해 고민하고 서로의 권리를 존중하며 책임 있는 정보 공유 문화를 만들어가야 한다. 이렇게 하면 더 건강한 디지털 사회를 만들 수 있다.

차근차근 이해하기

👉 **알쓸어록**(알아 두면 쓸모 있는 어휘 기록)

권리: 어떤 일을 행하거나 타인에 대하여 당연히 요구할 수 있는 힘이나 자격
공유: 두 사람 이상이 한 물건을 공동으로 소유하거나 이용함
악용: 알맞지 않게 쓰거나 나쁜 일에 씀

똑똑하게 분석하기

👉 문단별로 요약한 내용을 확인하고, (   )안에 들어갈 단어를 써 보세요.

1문단: (   ) 시대에서의 두 가지 이슈
2문단: (   )의 중요성
3문단: (   )의 위험성
4문단: 다른 나라의 셰어런팅 (   ) 제재 예
5문단: 건강한 (   ) 사회를 만들기 위한 방법

자유롭게 생각해 봅시다

👉 부모님이 여러분의 사진을 SNS에 올릴 때, 동의를 받아야 한다고 생각하나요? 아니면 꼭 그럴 필요는 없다고 생각하나요? 그 이유는 무엇일까요?

확장해서 읽어 봅시다

최근에 '디지털 장의사'라는 새로운 직업이 주목받고 있습니다. 이들은 인터넷에서 우리의 기억을 정리하고 필요 없는 정보를 삭제해 주는 사람들입니다.

디지털 장의사는 여러 가지 일을 합니다. 그들은 다양한 온라인 플랫폼에서 개인 정보가 유출된 사람들의 정보를 모으고 분석하여 삭제하는 절차를 진행합니다. 또한 부정적인 정보를 삭제하는 데에도 도움을 줍니다.

하지만 디지털 장의사와 관련된 문제가 있습니다. 이 직업은 국가에서 인정받은 자격증이 없기 때문에 그들의 능력을 100% 믿기가 어렵습니다. 때때로 이들은 개인 정보를 나쁘게 수집하거나 잘못 사용할 수도 있습니다. 예를 들어 고객의 동의 없이 정보를 공개하거나 잘못 수집된 정보로 협박해 돈을 요구하는 경우가 있습니다. 또한 디지털 장의사에 관한 법이 부족해서 소비자가 위험에 처할 수 있습니다.

디지털 장의사는 우리의 기록을 정리하고 필요한 정보를 삭제하는 중요한 역할을 하지만, 그들이 가진 위험성과 윤리적 문제는 여전히 논의해야 할 부분입니다.

답

1문단: **인터넷** 2문단: **잊힐 권리**
3문단: **셰어런팅** 4문단: **법적**
5문단: **디지털**

주 4일제가 도입되면 어떤 것들이 바뀔까?

최근 주 4일제를 도입하자는 이야기가 나오고 있다. 주 4일제란 한 주에 4일만 일하고 3일은 쉬는 제도를 말한다. 이 제도에는 여러 가지 장점과 단점이 있다.

장점으로는 첫째, 근로자 삶의 질이 좋아진다. 사람들이 스트레스를 덜 받고, 일과 쉬는 시간의 균형을 잘 맞출 수 있어 더 행복해질 수 있다. 이렇게 되면 일의 능률도 더 높아질 것이다. 둘째, 사람들이 쉬는 날이 많아지면 외식도 많이 하고 여행도 많이 간다. 이렇게 소비가 늘어나면 경제가 더 활성화될 수 있다. 마지막으로 교통이 덜 혼잡해지고 탄소 배출이 줄어들어 환경이 더 깨끗해질 수 있다.

하지만 주 4일제에는 단점도 있다. 첫째, 근무 시간이 줄어들면 업무가 집중되어 더 힘들어질 수 있다. 둘째, 모든 직업에서 주 4일제를 도입할 수 있는 것은 아니다. 우리나라의 경우 서비스업과 제조업의 비율이 높은데 이런 직종에서는 주 4일제를 적용하기 어려워 직업 간 양극화가 생길 수 있다. 마지막으로 기업이 생산성을 높이려다 보면 인건비와 운영비가 늘어나 기업에게는 부담이 된다.

주 4일제는 근로자의 삶을 더 풍요롭게 하고 환경에도 긍정적인 효과를 줄 수 있는 제도지만, 모든 직업에 쉽게 적용하기에는 어려운 점도 많다. 이 제도를 도입하기 위해서는 많은 고민이 필요하다.

차근차근 이해하기

👉 알쓸어록(알아 두면 쓸모 있는 어휘 기록)

> **도입**: 기술, 방법, 물자 등을 끌어들임
> **배출**: 안에서 밖으로 밀어 내보냄
> **양극화**: 서로 점점 더 달라지고 멀어짐

똑똑하게 분석하기

👉 문단별로 요약한 내용을 확인하고, (   )안에 들어갈 단어를 써 보세요.

  1문단: (   )의 정의
  2문단: 주 4일제의 (   )
  3문단: 주 4일제의 (   )
  4문단: 주 4일제 (   )의 필요성

자유롭게 생각해 봅시다

👉 여러분은 주 4일 근무제에 대해 찬성하나요, 반대하나요? 주 4일제의 도입에 대한 자신의 생각을 말해 보세요.

확장해서 읽어 봅시다

　대한민국보다 먼저 주 4일제를 시행하고 있는 나라들이 있습니다. 벨기에, 미국, 영국, 일본이 그 대표적인 예입니다.

　벨기에는 유럽에서 처음으로 주 4일 근무제를 법으로 만들었습니다. 법정 근무 시간인 주 38시간은 그대로 유지하면서 하루의 근무 시간을 늘려서 4일제로 전환할 수 있습니다. 미국에서는 급여 삭감 없이 주 4일, 32시간 근무제 법안이 발의되었습니다. 아직 법으로 통과된 것은 아니지만, 이러한 법안이 나왔다는 것은 많은 사람이 이 제도에 관심을 가지고 있다는 의미입니다. 영국에서는 2022년 61개 기업을 대상으로 6개월 동안 주 4일제를 시범적으로 시행했습니다. 이 실험에서 기업과 노동자 모두가 만족하는 결과를 보였고, 참여 기업 중 92%가 이 제도를 계속 유지하겠다고 밝혔습니다. 이후 영국 내 200개 기업이 동참하여 영구적인 4일 근무를 도입하기로 했습니다. 일본에서는 2021년 의회 주도로 주 4일 근무제를 추진하여 많은 대기업이 이 제도를 도입하였습니다. 또 공무원에게도 이 제도를 확대할 계획이라고 합니다.

　이렇게 일부 국가에서는 주 4일제가 다양한 방식으로 시행되고 있으며, 근로자들의 삶을 더 좋게 만들기 위해 노력하고 있습니다. 앞으로 한국에서도 주 4일제가 도입되면 많은 변화가 있을 것으로 기대됩니다.

답
1문단: 주 4일제　　　　2문단: 장점
3문단: 단점　　　　　　4문단: 논의

말은 제주로, 사람은 서울로?
지방의 소멸

많은 사람이 일자리와 편리한 생활을 찾아 서울로 몰린 결과 서울은 다른 지역과 단절된 모습으로 변하고 있고, 주변의 작은 도시는 사람이 줄어들고 있다. 이러한 현상을 '지방 소멸'이라고 한다.

지방 소멸의 원인은 다양하다. 첫째, 젊은 사람들이 찾는 일자리가 지방에는 부족하다. 둘째, 부모님들은 자녀들의 더 나은 교육을 위해 학교와 학원이 많은 서울로 보내고 싶어 한다. 셋째, 지방에는 대중교통, 쇼핑센터, 병원 등 생활 편의 시설이 부족하다.

지방 소멸은 여러 문제를 일으킨다. 젊은 사람들이 지방을 떠나면 인구가 줄어들고, 학교와 병원, 상점도 줄어들게 된다. 그러면 교육 기회와 일자리가 없어져 지역 경제도 어려워진다. 노인 인구만 남게 되면 지역 사회가 활기를 잃고, 문화와 전통도 사라질 위험이 커진다. 반면 서울은 사람이 많아지면서 집값이 오르고 생활비도 비싸진다.

이러한 차이를 극복하고 함께 발전할 방법은 무엇이 있을까? 지방에 다양한 일자리를 만들거나, 유명한 대학과 연구 기관을 유치해 사람들이 지방에 남을 수 있도록 할 수 있다. 지방 소멸 문제는 우리가 함께 해결해야 할 중요한 일이다. 서로 돕고 함께 발전하는 방법을 찾으면 모두가 행복하게 살 수 있는 사회가 될 것이다.

차근차근 이해하기

👉 **알쓸어록**(알아 두면 쓸모 있는 어휘 기록)

소멸: 사라져 없어짐
활기: 활동력이 있거나 활발한 기운
유치: 행사나 사업 따위를 이끌어 들임

똑똑하게 분석하기

👉 문단별로 요약한 내용을 확인하고, (　)안에 들어갈 단어를 써 보세요.

1문단: 서울의 인구 증가와 (　　　)
2문단: 지방 소멸의 (　　　)
3문단: 지방 소멸의 (　　　)
4문단: 서울과 지방이 함께 발전하기 위한 (　　　)

자유롭게 생각해 봅시다

👉 지방에는 일자리가 부족하기 때문에 많은 젊은 사람이 서울로 이사하는 경향이 있습니다. 여러분은 지방에 어떤 종류의 일자리가 생긴다면 사람들이 계속 남아 있을 것이라고 생각하나요? 아이디어를 공유해 보세요.

확장해서 읽어 봅시다

　최근 우리 사회는 고령화 문제로 큰 변화를 겪고 있습니다. 고령화란 65세 이상의 노인이 많아지는 현상을 의미합니다. 이러한 고령화는 저출생 문제와 깊은 관련이 있습니다.

　저출생 문제는 태어나는 아이의 수가 줄어드는 현상입니다. 많은 젊은 사람이 결혼이나 아이를 낳는 것을 후순위로 미루고 있습니다. 그 이유는 일과 가정을 동시에 돌보는 것의 어려움 때문입니다. 이런 상황이 계속되면 젊은 인구는 줄어들고, 고령 인구는 늘어나게 됩니다.

　고령화가 진행되면 여러 가지 문제가 발생합니다. 첫째, 노인 인구가 늘어나면 연금과 병원비 등 사회 복지 비용이 증가하게 됩니다. 둘째, 일할 수 있는 젊은 사람들이 줄어들면 경제가 어려워질 수 있습니다.

　이런 고령화 문제를 해결하기 위해 정부와 사회는 다양한 방법을 찾고 있습니다. 육아 휴직 제도를 강화하고 보육 시설을 늘리는 한편, 노인을 위한 일자리를 만드는 노력도 하고 있습니다. 인구 감소 문제를 해결하기 위해 외국에서 오는 이주민을 받아들이고, 작은 마을의 인구를 늘리기 위한 여러 방안도 필요합니다. 이러한 노력들이 모여 고령화와 저출생 문제를 함께 해결할 수 있는 길을 열 수 있을 것입니다.

1문단: **지방 소멸**　　　2문단: **원인**
3문단: **문제**　　　　　4문단: **해결책**

7. '공유지의 비극'은 이제 옛말, 함께 잘 사는 커먼즈로

공유지의 비극은 1968년에 생물학자 개릿 하딘이 만든 개념이다. 공유지는 많은 사람이 함께 사용하는 땅이나 자원을 말한다. 사람들이 규칙 없이 자원을 사용하면, 결국 자원이 없어지는 문제가 생긴다. 예를 들어 마을에 공동으로 사용할 수 있는 목초지가 있는데 사람들이 가축을 많이 키우면 목초지가 고갈되어 풀도 자라지 않게 된다. 하딘은 이런 문제를 해결하기 위해 자원을 개인이 소유하거나 정부가 관리해야 한다고 말했다.

2009년에는 경제학자 엘리너 오스트롬이 공유지의 비극을 해결하기 위해 자원을 잘 관리한 사례를 소개했다. 그는 정부의 규제뿐만 아니라 스스로 공유지를 관리하는 것이 중요하다고 강조했다.

현재 정부는 공유지를 잘 관리하여 자원이 너무 많이 사용되지 않도록 노력하고 있다. 또한 어촌에서는 어민들이 함께 힘을 모아 바다를 보호하고 어획량을 조절하는 등 지역 주민들이 서로 협력하여 자원을 관리하려 노력하고 있다.

현재의 공유지는 단순히 땅이나 자원만 해당되는 것이 아니라 문화와 플랫폼 등으로도 넓어지고 있다. 이를 보호하고 지속 가능한 방식으로 이용하는 것은 매우 중요한 과제이다. 모두가 힘을 합친다면 더욱 풍요롭고 지속 가능한 사회를 만들어갈 수 있을 것이다.

차근차근 이해하기

👉 알쏠어록(알아 두면 쓸모 있는 어휘 기록)

> **목초지**: 가축의 사료가 되는 풀이 자라고 있는 곳
> **고갈**: 어떤 일의 바탕이 되는 돈이나 물자, 소재, 인력 따위가 다하여 없어짐
> **어획량**: 수산물을 잡거나 채취한 수량

똑똑하게 분석하기

👉 문단별로 요약한 내용을 확인하고, (　)안에 들어갈 단어를 써 보세요.

1문단: (　　)의 비극의 정의
2문단: 공유지의 비극에 새로운 (　　)을 제시한 엘리너 오스트롬
3문단: 공유지의 (　　)을 위한 정부와 주민의 노력
4문단: 디지털 시대의 확장된 공유지 (　　)와 우리의 역할

자유롭게 생각해 봅시다

👉 공유지의 비극은 사람들이 공동으로 사용하는 자원을 너무 많이 사용하여 결국 고갈되는 문제를 말합니다. 만일 여러분이 마을의 목초지 관리자가 된다면 풀이 고갈되지 않도록 어떻게 관리할까요? 구체적인 방법을 제안해 보세요.

확장해서 읽어 봅시다

　공유 경제는 사람들이 자신의 물건이나 서비스를 다른 사람들과 나누어 함께 사용하는 경제 활동입니다. 요즘 많은 사람이 이런 공유 경제를 통해 서로 도우며 살아가고 있습니다.

　공유지와 공유 경제는 몇 가지 중요한 차이가 있습니다. 공유지는 공원, 강, 바닷가처럼 모두가 함께 사용하는 공간입니다. 반면에 공유 경제는 개인이 가진 물건이나 서비스를 다른 사람과 나누는 것입니다. 그래서 공유 경제는 개인의 소유권이 확실합니다. 목적도 다릅니다. 공유 경제는 사용하지 않는 물건이나 서비스를 활용해 돈을 벌기 위한 것입니다.

　공유 경제는 장점이 많지만 어려움도 있습니다. 첫째, 사람들끼리 물건을 빌려주거나 사용할 때 물건이 망가지는 문제가 생길 수 있습니다. 둘째, 모든 사람이 공유 경제를 이용할 수 있는 것은 아닙니다. 인터넷이 없는 곳에 사는 사람들은 공유 경제를 이용하기 어려울 수 있습니다. 셋째, 너무 많이 사용하면 자원이 사라질 수 있습니다.

　공유 경제는 현대 사회에서 자원을 더 잘 사용하기 위한 방법 중 하나입니다. 그러므로 이를 잘 활용하기 위해서는 서로의 신뢰를 쌓고 책임감 있게 이용하며, 모든 사람이 공평하게 접근할 수 있는 환경을 만들어야 합니다. 이렇게 할 때 우리는 더욱 건강하고 지속 가능한 사회를 만들 수 있습니다.

답

1문단: **공유지**　　　　　2문단: **해결**
3문단: **관리**　　　　　　4문단: **보호**

녹색으로 칠한다고 친환경이 아니다! 그린워싱

우리 주변에서 많은 기업이 환경을 보호한다고 광고하는 것을 자주 볼 수 있다. 하지만 그들이 정말로 환경을 생각하고 있을까? 실제로 환경을 지키지 않으면서도 마치 지키는 것처럼 행동하는 것을 '그린워싱'이라고 한다.

예를 들어 어떤 기업이 '친환경'이라고 광고하면서 실제로는 내용물이 아닌 **포장재**의 일부만 바꾸는 경우가 많다. 한 자동차 회사는 "우리는 **탄소 중립** 자동차를 만들었습니다!"라고 광고했지만 실제로는 많은 탄소를 발생시키고 있었다. 소비자들은 이런 광고에 속아 제품을 사게 되고, 기업은 환경 보호를 주장하면서도 결국 환경을 해치고 있는 것이다. 그린워싱은 기업에게는 잠깐 이익이 될 수 있지만 나중에 사실을 알게 된 소비자들에게 신뢰를 잃게 된다.

그린워싱에 속지 않으려면 첫째, '친환경 인증'이나 '유기농 인증' 같은 **인증마크**를 꼭 확인해야 한다. 둘째, 제품을 구매하기 전에 성분을 꼭 확인해야 한다. '자연에서 온 성분'이라고 광고한 건강식품의 성분표를 보니 인공 첨가물이 많이 들어있던 경우도 있다. 마지막으로 친구들과 함께 환경에 대해 이야기하는 것도 중요하다. 더 많은 사람이 동참할수록 변화를 만들 수 있다. 우리가 올바른 지식을 가지고 행동한다면 환경을 지키는 데 도움이 될 것이다.

차근차근 이해하기

👉 **알쓸어록**(알아 두면 쓸모 있는 어휘 기록)

> **포장재**: 공업 제품이나 농산물 따위를 포장하는 데 쓰는 재료
> **탄소 중립**: 탄소를 배출하는 만큼 비슷한 조치를 취해 실질 배출량을 '0'으로 만드는 일
> **인증 마크**: 정부 기관 등이 품질이 우수한 제품을 대상으로 부여하는 마크

똑똑하게 분석하기

👉 문단별로 요약한 내용을 확인하고, (   )안에 들어갈 단어를 써 보세요.

   1문단: (   )의 정의
   2문단: 한국에서의 그린워싱 (   )
   3문단: 그린워싱에 속지 않는 (   )

자유롭게 생각해 봅시다

👉 우리가 소비자로서 그린워싱에 속지 않으려면 어떤 행동을 할 수 있을까요? 구체적인 예를 들어 설명해 보세요.

_____

_____

확장해서 읽어 봅시다

　최근 환경 보호에 대한 관심이 높아지면서 텀블러와 에코백은 꼭 필요한 물건이 되었습니다. 이런 제품들은 일회용품 사용을 줄이고 자원을 아끼는 데 도움이 됩니다. 하지만 잘못 사용하면 '그린워싱' 상품이 될 수 있습니다.

　'그린워싱'과 '친환경 마케팅'은 다릅니다. 친환경 마케팅은 기업이 정말로 환경을 생각하며 제품을 만들고, 이를 소비자에게 알리는 것입니다. 반면에 그린워싱은 기업이 실제로는 환경을 신경 쓰지 않으면서도 마치 환경을 위해 노력하는 것처럼 행동하는 것입니다. 그린워싱은 소비자를 속이려는 행동입니다.

　텀블러와 에코백은 사용법이 중요합니다. 예를 들어 텀블러는 최소 70번 이상 사용해야 종이컵보다 환경에 더 좋고, 에코백은 최소 131번 이상 사용해야 비닐봉지보다 친환경적입니다.

　텀블러와 에코백은 어떻게 사용하느냐에 따라 그린워싱의 피해자가 될 수 있습니다. 필요 없는 제품은 다른 사람과 나누고, 새로 사기보다는 중고 시장에서 구하는 것이 좋습니다. 제품을 살 때는 그 제품이 환경에 미치는 영향을 잘 생각해 보는 것이 중요합니다. 이렇게 올바른 소비 습관을 가지면 우리는 환경 보호에 더 적극적으로 참여할 수 있습니다.

1문단: **그린워싱**　　　　　2문단: **사례**
3문단: **방법**

2장

[역사]

 조선인 착취한 사도광산의 유네스코 세계 문화 유산 등재 논란

사도광산은 일본 니가타현 사도가 섬에 있는 금과 은을 생산하던 일본 최대의 금광으로, 많은 자원을 **채굴**하며 일본의 경제 발전에 큰 영향을 미쳤다. 하지만 사도광산은 일제 강점기 동안 1,500여 명의 한국인들이 강제로 동원되어 힘든 노동을 하던 역사적인 장소이기도 하다. 이들은 사도광산에서 가혹한 노동 조건 속에서 생명과 건강을 희생하며 일해야 했다.

2023년에 사도광산은 유네스코 세계 문화 유산으로 **등재**되었다. 하지만 일본 정부는 한국 사람들이 강제로 일한 사실을 숨기고, 그들을 '지원받은 노동자'라고 표현하였다. 이에 유네스코는 사도광산의 모든 역사를 제대로 보여줘야 한다고 말했다.

결국 일본은 한국 노동자에 대한 자료를 전시하기로 하였지만, 그 전시가 사도광산에서 멀리 떨어진 곳에 있었다. 그리고 '강제 동원'이라는 단어 대신 '모집'이라는 애매한 표현을 사용하였다. 이런 일본의 태도는 우리를 화나게 만들고 있다.

여전히 강제 노동의 아픈 기억이 **왜곡**되고 있다. 사도광산이 가진 진정한 의미를 전달하기 위해서는, 한국 사람들이 겪었던 일에 대해 진심으로 반성하고 이해해야 한다. 이는 과거를 돌아보고 더 나은 미래를 만들기 위한 중요한 과정이 될 것이다.

차근차근 이해하기

👉 **알쓸어록**(알아 두면 쓸모 있는 어휘 기록)

> **채굴**: 땅을 파고 땅속에 묻혀 있는 광물 따위를 캐냄
> **등재**: 일정한 사항을 장부나 대장에 올림
> **왜곡**: 사실과 다르게 해석하거나 그릇되게 함

똑똑하게 분석하기

👉 문단별로 요약한 내용을 확인하고, (   )안에 들어갈 단어를 써 보세요.

　　1문단: (　　　)의 역사적 중요성
　　2문단: 사도광산의 유네스코 (　　　) 논란
　　3문단: 일본의 역사 (　　　)
　　4문단: 일본의 과거 역사에 대한 진실한 (　　　)의 필요성

자유롭게 생각해 봅시다

👉 일본 정부의 사도광산 역사 왜곡 시도에 대해 많은 사람이 비판하고 있습니다. 여러분은 역사적 사실을 왜곡하는 것이 왜 심각한 문제라 생각하나요? 자신의 의견과 그 이유를 설명해 보세요.

확장해서 읽어 봅시다

　군함도는 일본의 하시마 섬으로, 군함처럼 생겨서 '군함도'라는 이름이 붙었습니다. 이곳은 19세기 중반부터 1970년대까지 석탄을 캐는 중요한 광산이었습니다. 특히 일제 강점기인 1910년부터 1945년까지, 일본은 한국을 지배하면서 많은 한국 사람을 군함도에서 강제로 일하게 했습니다. 이들은 하루에 12시간 이상 일을 하면서 위험한 작업을 해야 했고 제대로 된 돈을 받지 못하고 건강과 생명을 위협받았습니다. 식량이 부족하고 폭력도 있었으며 도망가면 감옥에 갇히기도 했습니다. 이런 아픈 역사는 군함도를 단순한 산업 유산이 아니라, 과거의 고통을 간직한 역사적인 장소로 만들었습니다.

　2015년에 군함도는 유네스코 세계 문화 유산으로 등록되었습니다. 하지만 일본 정부는 한국인 노동자들의 아픈 역사를 제대로 알리고 싶지 않았습니다. 그래서 군함도가 세계 문화 유산으로 선정될 때, 일본 정부는 한국인 노동자들의 이야기를 포함하겠다고 약속하고도 그 약속을 지키지 않았습니다. 이 때문에 많은 사람이 이 문제를 비판하고 있습니다.

　현재 군함도는 단순한 관광 명소가 아니라, 과거의 아픈 기억과 역사를 되새기는 중요한 장소입니다. 이곳을 방문하는 사람들은 역사적 사실을 기억하고, 피해자들의 아픔을 이해해야 합니다.

답

1문단: **사도광산**　　　　2문단: **등재**
3문단: **왜곡**　　　　　　4문단: **반성**

2 임진왜란 때 등장한 조선 최초의 흑인 용병 '해귀'

임진왜란은 1592년부터 1598년까지 이어졌다. 일본이 조선을 침략하면서 전쟁이 시작되었고, 조선은 많은 군인을 필요로 했다. 그때 조선의 군대에 특별한 **용병**이 들어왔다. 조선인들은 이들을 처음 보고 놀라 '바다귀신'이라는 뜻으로 '해귀(海鬼)'라고 불렀다.

해귀는 아프리카에서 온 사람들이었다. 포르투갈 상인들에게 노예로 팔려 중국의 명나라로 갔는데, 그때 우리나라에 전쟁이 일어나자 명나라가 조선을 돕기 위해 군대를 보내 주는 과정에서 명나라 군대의 일원으로 해귀들도 우리나라에 오게 된 것이다.

그들은 뛰어난 전투 능력을 가지고 있었다. 조총을 잘 다루고 여러 가지 무예도 뛰어났다. 특히 바다 밑에 잠수하여 적선을 공격하고 며칠 동안 물속에 머물면서 수중 생물을 잡아 먹는다고 소개될 정도였다. 유성룡의 《징비록》에는 "낯빛이 까맣고 바다 밑을 숨어 다니기도 한다. 그 모양이 귀신 같아서 해귀라고 부른다. 키가 큰 사람이 하나 있는데 거의 두 길이나 되어 말을 탈 수 없어서 수레를 타고 다닌다."라고 묘사되어 있다.

일본군은 해귀가 참전한다는 소식만 듣고도 **퇴각**할 정도로 두려워했지만, 실제로 해귀들이 전투에서 아주 큰 활약을 하거나 눈에 띄는 큰 공을 세우지는 못했다.

차근차근 이해하기

👉 **알쓸어록**(알아 두면 쓸모 있는 어휘 기록)

용병: 지원한 사람에게 봉급을 주어 병력에 복무하게 고용한 병사
적선: 적이나 적국의 배
낯빛: 얼굴의 빛깔이나 기색
길: 길이의 단위로 한 길은 약 2.4미터에 해당
퇴각: 뒤로 물러감

똑똑하게 분석하기

👉 문단별로 요약한 내용을 확인하고, (   )안에 들어갈 단어를 써 보세요.

1문단: 임진왜란과 (   )의 등장
2문단: (   )에서 온 해귀
3문단: 해귀의 (   ) 능력
4문단: 기대에 미치지 못한 해귀의 (   )

자유롭게 생각해 봅시다

👉 해귀가 전쟁에서 큰 활약을 하지 못했던 이유는 무엇일까요? 싸움을 잘한다고 알려졌는데, 왜 전쟁의 결과에 큰 영향을 주지 못했을까요?

확장해서 읽어 봅시다

　임진왜란 중에는 세 가지 중요한 전투가 있었는데, 이를 임진왜란 3대 대첩이라고 합니다.

　첫 번째 대첩은 한산도 대첩입니다. 이 전투는 1592년에 이순신 장군이 일본 수군과 싸워서 승리한 사건입니다. 이순신 장군은 전쟁이 시작되기 1년 전에 일본의 침략을 미리 걱정하고, 조선의 낡은 거북선을 새롭게 만들어 일본 배보다 더 강력하게 만들었습니다. 그리고 이순신은 '학익진'이라는 특별한 방법으로 일본 함대를 포위하여 큰 승리를 거두었습니다. 이 승리로 조선의 해양 방어력이 더욱 강해졌습니다.

　두 번째 대첩은 진주 대첩입니다. 이 전투는 1592년 11월에 일어났으며, 임진왜란에서 가장 큰 영향을 준 전투로 알려져 있습니다. 김시민 장군이 이끄는 약 4천 명의 조선군이 10배가 넘는 일본군을 이겼으며 이 전투 덕분에 중요한 곡창 지대인 전라도가 안전하게 지켜졌고, 조선의 의병 활동과 이순신의 해군도 계속 운영될 수 있었습니다.

　세 번째 대첩은 행주 대첩입니다. 이 전투는 1593년 2월에 권율 장군이 일본군을 물리친 대첩입니다. 행주산성에 모인 군인들과 의병들 그리고 많은 사람이 힘을 합쳐 전투에 참여하였고, 결국 큰 승리를 거두었습니다. 조선군은 일본군을 퇴각시키고 수도를 지킬 수 있었습니다.

답

1문단: **해귀**　　　　2문단: **아프리카**
3문단: **뛰어난**　　　4문단: **활약**

3 선덕여왕부터 클레오파트라까지, 역사를 호령한 여성 군주들

역사는 종종 왕의 이름으로 알려지지만, 고대 이집트부터 르네상스 시대의 유럽까지 많은 여성 군주도 나라를 이끌었다. 이들은 지혜와 힘으로 나라를 번영시키고 문화와 정치에 큰 영향을 미쳤다.

대한민국의 유명한 여왕 중 한 명은 632년에 왕위에 올라 신라를 통치한 선덕여왕이다. 그녀는 불교를 사랑하여 불국사와 석굴암 같은 사찰을 세우고, 동아시아 최초의 천문대인 첨성대를 만들었다. 그녀는 전쟁에서도 전략을 세워 나라를 지켰다.

진덕여왕은 선덕여왕의 뒤를 이어 신라를 다스린 두 번째 여왕이다. 그녀는 뛰어난 외교 능력으로 일본과의 관계를 강화하고, 중국과의 외교를 잘 유지했다. 이를 통해 많은 문화와 기술을 받아들이며 신라의 발전에 기여했다.

세계 여러 나라에도 훌륭한 여성 군주들이 있었다. 영국의 엘리자베스 1세는 외교적 위기를 극복하고 영국을 안정시켰다. 이 시기는 영국의 황금기로 알려져 있다. 고대 이집트의 클레오파트라 7세는 로마 제국과의 동맹을 통해 이집트를 보호했다. 이처럼 역사 속 여성 군주들은 나라를 지키고 발전시키며 중요한 역할을 해 왔다. 그들의 업적과 리더십은 지금도 많은 사람에게 영감을 주고 있다.

차근차근 이해하기

☞ 알쓸어록(알아 두면 쓸모 있는 어휘 기록)

통치: 나라나 지역을 도맡아 다스림
기여: 도움이 되도록 이바지함

똑똑하게 분석하기

☞ 문단별로 요약한 내용을 확인하고, (   )안에 들어갈 단어를 써 보세요.

1문단: 여성 군주들의 (   ) 역할
2문단: 선덕여왕의 (   )과 통치
3문단: 진덕여왕의 (   )와 문화
4문단: 세계의 훌륭한 (   ) 군주들

자유롭게 생각해 봅시다

☞ 지문에서 언급한 여군주들 가운데 한 명을 골라 업적을 조사해 보고, 그녀의 통치 방식을 통해 현대 사회에 적용해 볼 수 있는 교훈이나 가치에 대해 생각해 보세요.

확장해서 읽어 봅시다

일본에서는 왕위 계승에 대한 이야기가 활발히 이루어지고 있습니다. 현재 일본의 왕위는 남성만 계승할 수 있도록 정해져 있습니다. 하지만 왕위를 이어받을 수 있는 남성이 매우 적어서, 여성도 왕위를 계승할 수 있어야 한다는 주장이 다시 나오고 있습니다. 현재 일본의 왕족 중에서 왕위를 계승할 수 있는 사람은 나루히토 일왕의 형제인 후미히토 왕세제, 후미히토의 막내아들인 히사히 그리고 아키히토 전 일왕의 동생인 마사히토 이렇게 세 명입니다. 현재 일왕인 나루히토는 딸인 아이코 공주만 두고 있습니다.

일본에서는 왕족 고령화, 숫자 감소 등을 이유로 여성 왕족의 왕위 계승 허용 필요성이 꾸준히 제기되었지만, 아직까지 구체적인 결론에 이르지 못했습니다. 지난해에는 여성 왕족이 결혼 후에도 왕실에 남거나, 옛 왕족의 남자아이를 입양하는 방안이 제시되었지만 합의에 이르지 못했습니다. 특히 여성 왕족이 남성과 결혼해 낳은 자식이 왕위를 잇는 것에 대한 반발이 있었습니다.

일본 정부는 유엔에서 남녀가 동등하게 왕위를 계승해야 한다고 권고한 것에 대해 강하게 반발했습니다. 그러나 최근 여론 조사에 따르면 일본 국민의 90%가 여자 일왕을 찬성하고 지지하고 있습니다. 이러한 논의가 결과적으로 일본의 황실에 어떤 영향을 미칠지 주목됩니다.

답

1문단: **역사적**   2문단: **업적**
3문단: **외교**   4문단: **여성**

4. 좀비가 영화에만 있는 게 아니라 실제로도 존재했다고?

대중문화 속 좀비는 현대 사회에서 공포의 상징으로 자리 잡았다. 좀비는 흔히 인간성을 잃은 괴물로 묘사되며, 그들의 출현은 인류 생존의 위기를 상징한다. 좀비는 주로 질병이나 전염병의 결과로 만들어지지만, 실제 역사적 사례도 있다.

아이티 섬에는 한때 '타이노'라는 원주민들이 살고 있었으나, 유럽인들이 이 섬을 식민지로 만들면서 전염병으로 전멸하게 되었다. 이후 식민지 정복자들은 원주민을 대신할 노동력이 필요해 아프리카에서 흑인들을 강제로 데려왔다. 이들은 큰 농장에서 힘든 노동을 하며 살아갔다.

농장주들은 흑인 노예들이 불만 없이 일하도록 부두교를 이용해 그들을 통제했다. 부두교에서는 규범을 어긴 사람에게 독성 물질이 포함된 약을 사용해 죽은 상태처럼 보이게 만들었다. 가족들은 그들이 죽었다고 생각하고 장례식을 치렀다. 약의 효과가 사라지면 농장주들은 그들을 다시 데려갔다.

이들은 좀비라고 불렸다. 마취 성분이 있는 풀로 인해 흑인 노예들은 정신을 차리지 못한 채 평생 일해야 했고, 법적으로는 죽은 사람으로 간주되어 자신의 권리를 주장할 수 없었다. 이러한 끔찍한 일은 백 년 이상 계속되었다.

차근차근 이해하기

👉 **알쓸어록**(알아 두면 쓸모 있는 어휘 기록)

> **전멸**: 모조리 죽거나 망하거나 하여 없어짐
> **통제**: 일정한 방침이나 목적에 따라 행위를 제한하거나 제약함
> **간주**: 상태, 모양, 성질 따위가 그와 같다고 봄

똑똑하게 분석하기

👉 문단별로 요약한 내용을 확인하고, (   )안에 들어갈 단어를 써 보세요.

1문단: (   ) 속 좀비
2문단: 아프리카 (   ) 노예 무역이 시작된 이유
3문단: (   ) 전통에 의해 희생된 흑인 노예들
4문단: 좀비 노예의 (   )적 삶

자유롭게 생각해 봅시다

👉 좀비라는 개념이 역사적으로 흑인 노예들의 고통을 상징한다고 할 수 있는데, 여러분은 이런 이야기들이 현대 사회에 어떤 영향을 줄 수 있다고 생각하나요?

확장해서 읽어 봅시다

　1804년에 흑인들이 자유를 위해 싸워서 해방된 나라인 아이티는 세계에서 가장 가난한 나라 중 하나입니다. 그 이유에는 여러 가지가 있습니다.
　첫째, 역사적인 배경이 큰 영향을 미쳤습니다. 아이티가 독립했을 때 많은 나라가 아이티를 국가로 인정하지 않았고, 특히 프랑스는 독립의 대가로 많은 돈을 요구했습니다. 아이티 정부는 이 돈을 갚기 위해 많은 빚을 지게 되어 재정이 매우 힘들어졌습니다. 둘째, 아이티는 자연재해가 많이 발생하는 지역입니다. 2010년에는 큰 지진이 일어나서 많은 사람이 집과 생명을 잃었고, 여전히 회복하기 어려운 상황입니다. 셋째, 정치적인 문제도 계속되고 있습니다. 여러 번의 군사 정부와 정치적 혼란이 있어 경제 발전에 필요한 안정성을 잃었습니다. 사람들은 안정된 정부와 일할 환경을 원하지만 기회가 부족합니다. 넷째, 아이티는 주로 농업에 의존하고 있지만 기후 변화로 인해 자주 피해를 보고 생활이 어려워집니다. 자원이 부족하고 산업이 발달하지 못해 경제 성장도 힘든 상황입니다.
　아이티는 이러한 이유로 가난한 나라가 되었지만, 아이티 사람들은 여전히 희망을 가지고 더 나은 미래를 위해 노력하고 있습니다.

1문단: 대중문화　　　　　　　2문단: 흑인
3문단: 부두교　　　　　　　　4문단: 비극

5 나만 몰랐던
역사 속 재미있는 뒷이야기

"내가 아름답기만 한 줄 알았다고? 글쎄, 나만큼이나 책을 사랑한 군주가 있었을까."

역사 속에는 우리가 잘 모르고 지나치는 재미있는 이야기들이 많다. 그중에서 클레오파트라와 크리스토퍼 콜럼버스의 이야기가 특히 흥미롭다. 이 두 사람은 다른 시대와 장소에서 중요한 역할을 했지만, 그들의 삶에는 복잡한 이야기가 숨어 있다.

클레오파트라는 고대 이집트의 여왕이다. 많은 사람은 로마의 카이사르가 그녀의 아름다움 때문에 사랑에 빠졌다고 생각하지만, 사실 카이사르는 그녀의 지혜에 **매료**되었다. 고대에는 전쟁이 많아서 도서관이 여러 번 불타고 **약탈**당했는데 카이사르가 죽은 후 클레오파트라와 결혼한 안토니우스는 책을 사랑하는 그녀를 위해 로마의 페르가몬 도서관에서 20만 권의 책을 선물했다. 그녀는 당대 최고의 아름다운 지성인이었다.

콜럼버스는 1492년에 스페인의 도움을 받아 서쪽으로 항해를 떠났다. 그는 새로운 땅을 발견했지만, 이를 인도로 착각하고 원주민들을 '인디언'이라고 불렀다. 그리고 그는 원주민들에게 금을 모아 오라고 강요했고, 금을 가져오지 못한 사람은 처참히 죽였다. 결국 남아 있는 금이 없자 원주민들의 노예 매매를 시작했다. 콜럼버스의 신대륙 발견은 새로운 시대의 시작을 알렸지만, 그 뒤에는 노예 제도, **학살**과 죽음이 숨겨져 있다.

차근차근 이해하기

☞ **알쓸어록**(알아 두면 쓸모 있는 어휘 기록)

매료: 사람의 마음을 완전히 사로잡아 홀리게 함
약탈: 폭력을 써서 남의 것을 억지로 빼앗음
학살: 가혹하게 마구 죽임

똑똑하게 분석하기

☞ 문단별로 요약한 내용을 확인하고, (　)안에 들어갈 단어를 써 보세요.

1문단: (　　　) 속 흥미로운 이야기
2문단: 당대 최고의 지성인, (　　　)
3문단: 콜럼버스의 (　　　) 발견에 얽힌 비극

자유롭게 생각해 봅시다

☞ 콜럼버스의 항해가 가져온 긍정적인 변화와 부정적인 영향을 각각 하나씩 예를 들어 설명해 보세요. 이러한 결과들이 지금의 세계에 어떤 영향을 미쳤을까요?

확장해서 읽어 봅시다

　나침반은 항해와 탐험에서 길을 찾는 데 매우 중요한 도구입니다. 나침반에는 북쪽을 가리키는 바늘이 있어 방향을 쉽게 알 수 있는데, 이 바늘은 지구의 자석처럼 작용하여 항상 북극 방향을 가리킵니다. 그래서 탐험가들은 바다에서 정확한 방향을 파악하고 길을 잃지 않을 수 있습니다.

　콜럼버스는 1492년에 스페인의 도움을 받아 서쪽으로 항해를 시작했습니다. 그는 인도를 찾기로 결심했으며, 이 과정에서 나침반이 가장 소중한 도구가 되었습니다. 당시 항해자들은 별과 태양으로 길을 찾으려 했지만, 흐린 날씨에는 방향을 알기 어려웠기 때문입니다. 그래서 나침반의 중요성이 더욱 커졌습니다.

　콜럼버스는 나침반 덕분에 정확한 항로를 설정할 수 있었습니다. 그는 나침반이 가리키는 북쪽을 기준으로 항해를 계속했습니다. 결국 콜럼버스는 신대륙을 발견하게 되었고, 이는 인류 역사에 큰 영향을 미쳤습니다. 오늘날에도 나침반은 탐험가와 여행자에게 없어서는 안 될 중요한 도구입니다.

1문단: **역사**　　　　　　　2문단: **클레오파트라**
3문단: **신대륙**

꿈 많은 아이들에게 '어린이'라는 이름을 준 방정환

'어린이'는 주로 초등학교에 다니는 아이들을 가리킨다. 17세기부터 사용된 '어리다'는 처음에는 '어리석다'라는 뜻이었다. 나중에 나이가 적은 것을 뜻하게 되었고, 방정환 선생님이 어린이를 특별한 존재로 새롭게 정의하면서 지금의 의미로 사용되기 시작했다.

　방정환 선생님은 어린이의 권리와 행복을 위해 힘쓴 분이다. 그는 어린이를 미래의 희망으로 보았고, 그들이 존중받아야 한다고 믿었다. 그 당시 어린이들은 성인에 비해 자신의 목소리를 내기 어려웠다. 방정환 선생님은 어린이들이 행복하게 자랄 수 있는 사회를 만들기 위해 노력했다. 그래서 어린이날을 제정하여 어린이의 권리를 알리고자 했다. 1923년 5월 1일 색동회에서 어린이날을 공표하였고 그 당시의 구호는 "씩씩하고 참된 소년이 됩시다. 그리고 늘 서로 사랑하며 도와 갑시다."였다. 1945년 광복 이후부터는 어린이날이 5월 5일로 정해졌고 1970년에는 법정 공휴일이 되었다.

　방정환 선생님은 아동 문학가로서 첫 아동 잡지인 〈어린이〉를 만들고, 아이들에게 동화를 읽어 주며 꿈과 희망을 심어 주기 위해 노력했다. 어린이는 꿈과 가능성을 가진 존재로, 세상의 미래를 만들어 가는 중요한 역할을 한다. 방정환 선생님의 뜻을 기억하며 모든 어린이가 행복하고 존중받는 사회가 오기를 바란다.

차근차근 이해하기

☞ 알쓸어록(알아 두면 쓸모 있는 어휘 기록)

제정: 제도나 법률 등을 만들어서 정함
공표: 여러 사람에게 널리 드러내어 알림
구호: 어떤 모임에서 요구나 주장을 간결한 형식으로 표현한 문구

똑똑하게 분석하기

☞ 문단별로 요약한 내용을 확인하고, (　　)안에 들어갈 단어를 써 보세요.

1문단: '어린이'라는 단어의 (　　　) 변화
2문단: (　　　) 제정과 그 과정
3문단: 어린이들의 행복과 권리를 위해 노력한 (　　　) 선생님

자유롭게 생각해 봅시다

☞ 방정환 선생님이 아동 문학가로서 아이들에게 꿈과 희망을 심어 주기 위해 한 활동 중 하나는 동화를 읽어 주는 일이었어요. 여러분이 읽은 동화책 가운데 친구들에게 꿈과 희망을 심어 줄 만한 책을 한 권 골라 소개해 주세요.

확장해서 읽어 봅시다

아동 인권은 어린이가 누려야 할 기본적인 권리와 자유를 뜻합니다. 전 세계에서 여러 단체와 기관들이 아동 인권을 보호하고 증진하기 위해 노력하고 있으며, 유니세프(UNICEF)와 같은 국제기구도 그중 하나입니다.

1989년 유엔은 아동의 권리를 보호하기 위해 '유엔 아동 권리 협약'을 만들었습니다. 유엔 아동 권리 협약에서는 어린이가 누려야 할 4가지 기본 권리를 제안합니다. 첫째, 생존권으로 아동이 건강하게 살아갈 권리입니다. 둘째, 보호권으로 어린이가 폭력이나 학대에서 보호받을 권리입니다. 셋째, 발달권으로 아동이 균형 있게 성장할 수 있는 환경을 제공받을 권리입니다. 넷째, 참여권으로 어린이가 자신의 의견을 표현할 권리입니다.

세계 여러 나라에서는 아동 권리를 보호하기 위해 다양한 노력을 하고 있습니다. 예를 들어 스웨덴은 모든 어린이가 평등하게 교육받을 수 있도록 프로그램을 운영하고, 뉴질랜드는 어린이가 안전하게 자랄 수 있도록 법률을 제정하고 있습니다. 한국에서도 아동 권리를 보호하기 위한 법과 제도가 마련되어 있습니다.

1문단: **의미**　　　　　　　　　2문단: **어린이날**
3문단: **방정환**

한국 최초의 여성 비행사, 독립을 위해 하늘을 누빈 권기옥

한국 최초의 여성 비행사
권기옥 1901-1988

권기옥은 대한민국 최초의 여성 파일럿이다. 그녀는 1901년에 태어나 어려운 환경에서 자랐다. 11살 때부터 가족을 돕기 위해 공장에서 일해야 했지만 언니의 책을 통해 공부를 계속했고, 교회에서 운영하는 소학교에 다니기 시작했다. 이후 숭의여학교에 편입했다.

비행기를 좋아했던 권기옥은 16살 때 미국인 아트 스미스의 곡예 비행을 보고 하늘을 날고 싶다는 꿈을 가지게 되었다. 졸업 후, 그녀는 독립운동에 참여하기 시작했고, 1919년 3·1운동 때 태극기를 만들어 거리로 나섰다가 체포되었다. 이후에도 임시 정부의 군자금 모금 활동에 참여하다가 체포되어 6개월 동안 감옥에 갇혔다.

그 후 권기옥은 중국으로 망명하여 항공학교에 입학하고, 중국 운남육군항공학교에서 비행 조종 기술을 배우게 되었다. 1년 반 후, 대한민국 최초의 여성 비행사로 인정받은 권기옥은 10년 동안 중국 공군에서 활동하며 독립을 위해 힘썼다.

독립 후에는 국회 국방위원회 전문 위원으로 일하며 대한민국 공군의 기틀을 다지는 데 기여했다. 또한 한국 최초의 여성 출판인으로도 활동하며 학생들에게 장학금을 지원했다. 권기옥은 "내가 비행기를 탄 것은 조국의 독립을 위해서"라고 말하며, 여성으로서의 경계를 넘어서 국가와 민족을 위해 큰 의미 있는 삶을 살았다.

차근차근 이해하기

☞ 알쓸어록(알아 두면 쓸모 있는 어휘 기록)

곡예: 아슬아슬할 정도로 위태로운 동작이나 상태
망명: 정치적인 이유로 자기 나라에서 박해를 받는 사람이 이를 피하기 위해 외국으로 몸을 옮김
기여: 도움이 되도록 이바지함

똑똑하게 분석하기

☞ 문단별로 요약한 내용을 확인하고, (   )안에 들어갈 단어를 써 보세요.

1문단: 권기옥의 (   )
2문단: 비행사의 꿈과 (   ) 참여
3문단: (   )로의 성취와 인정
4문단: 여성 비행사로 도전한 권기옥의 삶의 (   )

자유롭게 생각해 봅시다

☞ 날고 싶다는 간절한 꿈을 이루기 위해 권기옥은 수많은 장벽을 넘어서고 독립운동가로서, 비행사로서 그리고 여성으로서 뜨겁게 살아갔어요. 여러분에게는 어떤 꿈이 있나요? 그 꿈을 이루기 위해 어떤 노력을 할 것인지 써 보세요.

확장해서 읽어 봅시다

　우리나라의 항공 역사는 독립운동과 깊은 관계가 있습니다. 제1차 세계 대전이 끝난 후, 비행기는 군대에서 중요한 무기가 되었기에 임시 정부는 독립을 위해 비행대를 만들기로 했습니다. 노백린 선생님은 미국에서 비행기를 사기 위한 자금을 모았고 1920년 2월에는 '대한민국 임시 정부 한인비행학교'가 생겼습니다.

　안창남 선생님은 한반도를 비행한 첫 번째 한국인입니다. 그는 오쿠라 비행학교에서 조종술을 배운 후, 1922년에는 자신이 만든 비행기 '금강호'로 조국의 하늘을 비행했습니다. 하지만 1923년 관동 대지진 후 조선인 학살을 보고 독립운동에 헌신하기로 결심하였습니다.

　김신 장군은 일본과의 전쟁에 참전한 조종사로, 백범 김구 선생님의 둘째 아들입니다. 중일전쟁 중 일본 공군의 폭격을 보고 공군의 중요성을 깨닫고, 1944년 중국 공군학교에서 훈련을 받았습니다. 이후 미국 공군에서 비행 훈련을 받아 조종사가 되었고, 1947년 해방 후 한국으로 돌아와 공군을 만드는 데 도움을 주었습니다.

　이들의 용기와 헌신은 독립운동의 중요한 역사로 기억되어야 합니다.

1문단: **어린 시절**　　　　2문단: **독립운동**
3문단: **여성 비행사**　　　4문단: **의미**

조선 시대에도 이혼을 할 수 있었을까?

조선 시대에는 평민의 경우 이혼이 비교적 자유로웠다. 혼인한 남녀가 서로 마주 앉아 이혼에 대해 이야기하고 합의하면 이혼할 수 있었다. 이때 남편은 아내에게 '수세'라고 불리는 이혼 증서를 주었다. 평민은 글을 잘 쓰지 못했기 때문에 깃저고리로 대신했다.

　　양반은 이혼할 때 '휴서'라는 이혼 문서를 사용했다. 양반들은 결혼 후 백년해로하는 것을 미덕으로 여겼지만, 이혼도 가능했다. 그러나 이혼을 주장할 수 있는 것은 주로 남편이었다. 만약 남편의 행방을 3년 이상 모르는 경우, 아내는 이혼을 주장할 수 있었지만 남편을 신고하는 것은 패륜으로 여겨져서 쉽지 않았다.

　　양반이 이혼하려면 왕의 허락도 필요했다. 보통은 정실부인을 중시했기 때문에 이혼이 허락되지 않았다. 이혼이 아닌 별거 상태인 '소박'도 있었지만, 이는 이혼과는 다른 경우였다.

　　조선 시대의 혼인은 부모의 명에 따라 이루어졌고, 중매를 통해서만 가능했다. 그래서 이혼도 개인의 의사와는 무관하게 진행되었다. 이처럼 조선 시대에는 이혼이 가능했지만 많은 규제가 있었고 남편의 입장이 더 중요하게 여겨졌다. 또한 가문의 명예와 사회적 지위 때문에 실제로 이혼하는 경우는 드물었다.

차근차근 이해하기

👉 **알쓸어록**(알아 두면 쓸모 있는 어휘 기록)

백년해로: 부부가 되어 한평생을 사이좋게 지내고 즐겁게 함께 늙음
패륜: 인간으로서 마땅히 하여야 할 도리에 어그러짐
정실: '본처'를 달리 이르는 말

똑똑하게 분석하기

👉 문단별로 요약한 내용을 확인하고, (   )안에 들어갈 단어를 써 보세요.

1문단: 조선 시대 (   )의 이혼
2문단: 조선 시대 (   )의 이혼
3문단: (   )의 허락이 필요했던 조선 시대 양반의 이혼
4문단: 조선 시대 (   )이 어려웠던 이유

자유롭게 생각해 봅시다

👉 조선 시대의 혼인과 이혼이 현대의 상황과 어떻게 다른지 그 차이점에 대해 자신의 생각을 말해 보세요.

확장해서 읽어 봅시다

　조선 시대에는 임진왜란과 병자호란 같은 큰 전쟁이 자주 일어났습니다. 이 전쟁들로 인해 많은 여성이 끌려가 적군에게 성적 만행을 당하기도 했습니다. 당시 양반 남성들은 이런 경험을 한 아내와 이혼하고 싶어 했습니다.

　하지만 선조는 전쟁으로 피해를 입은 여성들을 보호해야 한다고 생각했습니다. 그래서 양반들이 이혼을 요구할 때, 선조는 이를 받아들이지 않았습니다. 또한 일본군에 의해 피해를 입고 돌아온 여성들을 정실부인으로 인정했습니다. 만약 돌아왔을 때 그 여성의 남편이 새 아내를 두었다면, 새 아내는 첩으로 인정받고 원래 아내가 다시 그 자리로 돌아올 수 있었습니다.

　선조의 이혼 불허 정책은 피해 여성과의 이혼을 국가가 승인하지 못하게 하는 것이었습니다. 국가의 무능으로 인해 발생한 현상이었기 때문입니다. 이 정책은 정묘호란과 병자호란을 겪은 인조 시대에도 계속 유지되었습니다.

　하지만 효종이 즉위하면서 상황은 바뀌었습니다. 송시열 같은 성리학자들이 정계에 들어오면서, 기존의 피해 여성 보호 정책은 뒤집히며 피해 여성들에 대한 이혼을 허용하기 시작했습니다. 명분이 현실을 누른 것임을 볼 수 있습니다.

1문단: **평민**　　　　　2문단: **양반**
3문단: **왕**　　　　　　4문단: **이혼**

3장

[인문]

칸트가 10년 동안 일한 집사를 보고 기절한 이유는?

독일의 유명한 철학자 칸트는 "나는 무엇을 알 수 있을까?", "나는 무엇을 해야 할까?"라는 생각을 자주 했다. 규칙적이고 질서 있는 삶을 중요하게 여긴 그는 매일 같은 옷을 입고 아침 5시에 일어나 홍차를 마시고 강의를 하며, 오후에는 연구와 **저술** 활동을 했다. 그는 오후 3시에 꼭 산책을 했는데, 이웃들은 그가 나오는 것을 보고 3시인 것을 알 정도였다. 그런 그가 제시간에 산책을 나가지 않은 적이 두 번 있다. 첫 번째는 루소의 《에밀》을 읽고 있을 때였고, 두 번째는 프랑스 혁명 관련 기사를 읽다가 시간을 잊은 경우였다.

그는 사소한 변화에도 매우 예민해서 자신의 집사에게도 항상 같은 옷만 입도록 요구했다. 그런데 어느 날 집사가 자기 취향대로 옷을 입자, 칸트는 너무 놀라 실신할 뻔했다. 또 한 번은 단추가 떨어진 옷을 입고 오던 학생이 새로운 단추를 달고 수업에 들어오자, 그 학생에게 단추를 원래대로 떼어달라고 부탁했다. 모든 물건은 제자리와 정확한 각도에 있어야 했고, 그렇지 않으면 불안해했다.

칸트는 죽기 4일 전에도 자신의 **신념**을 지키고자 했다. 자신을 찾아온 의사가 누워 있으라고 할 때에도 병든 몸을 일으켜 앉으며, 타인에 대한 예의를 갖추게 해달라고 했다. 마지막까지도 자신의 행동이 언제나 **보편법칙**에 맞게 이루어지기를 원했기 때문이다.

차근차근 이해하기

👉 **알쓸어록**(알아 두면 쓸모 있는 어휘 기록)

저술: 글이나 책 따위를 씀. 또는 그 글이나 책
신념: 굳게 믿는 마음
보편법칙: 모든 것에 두루 미치거나 통하는 법칙

똑똑하게 분석하기

👉 문단별로 요약한 내용을 확인하고, (   )안에 들어갈 단어를 써 보세요.

1문단: 규칙적이고 질서 있는 삶을 중시한 (   )
2문단: 칸트의 (   ) 성격
3문단: 마지막까지 (   ) 신념을 지킨 칸트

자유롭게 생각해 봅시다

👉 칸트는 규칙적인 생활을 중요하게 여겼어요. 규칙적인 생활이 개인의 삶에 어떤 긍정적인 영향을 미칠 수 있을까요? 만약 나의 일과를 정해 본다면, 규칙적인 활동으로 무엇을 포함하고 싶나요?

확장해서 읽어 봅시다

　칸트는 왜 규칙을 지켜야 하고, 어떻게 올바르게 살아야 하는지 고민한 철학자입니다. 그는 모두가 따라도 괜찮은 행동인 '보편적인 도덕 법칙'을 중요하게 생각했습니다.

　칸트는 항상 "내 행동이 모두에게 괜찮은가?"라는 질문을 자신에게 던졌습니다. 예를 들어 거짓말을 하면 사람들은 서로 믿지 못하게 되고, 쓰레기를 아무 데나 버리면 세상이 더러워지는 것과 같이 자신의 행동의 결과를 생각했습니다. 그래서 칸트는 서로를 존중하고 지킬 수 있는 규칙을 따라야 한다고 말했습니다.

　칸트는 또한 자유롭게 살아가려면 책임감이 필요하다고 했습니다. 다른 사람에게 피해를 주지 않아야 진정한 자유를 누릴 수 있다고 생각했습니다. 그러므로 공원에서 뛰어노는 것은 좋은 일이지만, 다른 사람에게 방해가 된다면 그건 책임감 없는 행동이라고 했습니다.

　우리의 행동과 결정에서 이성과 도덕성을 우선시하는 칸트의 철학은 지금의 우리에게 중요한 가르침을 줍니다. 우리가 함께 살아가는 세상에서 규칙과 도덕을 지키려는 노력은 세상을 더 공평하고 행복한 곳으로 만드는 데 꼭 필요하기 때문입니다.

1문단: **칸트**　　　　　　　2문단: **예민한**
3문단: **철학적**

 ## 니체가 갑자기 도로 한복판에서 말을 껴안고 운 이유

프리드리히 니체는 독일에서 태어난 철학자이다. 그는 '망치 철학자'라는 별명으로 알려져 있는데, 이는 사람들이 기존의 생각을 부수고 새로운 관점을 갖기를 원했기 때문이다. 어렸을 때부터 똑똑했던 니체는 많은 문제에 대해 깊이 생각했지만, 그의 삶은 순탄하지 않았으며 여러 질병으로 고생하고 외로움을 느꼈다. 니체는 "신은 죽었다."라는 말을 통해 사람들에게 전통적인 믿음에 의존하지 말고 스스로 생각하며 삶의 의미를 찾으라고 했다. 그는 이런 사람을 자신의 운명을 스스로 만드는 사람, '초인'이라고 불렀다.

어느 날 그는 길에서 진흙탕에 빠진 말을 보고 마부가 그 말을 심하게 채찍질하는 모습을 보았다. 그 모습을 보고 니체는 마음 아파하며 울다가 쓰러졌다. 그가 세상을 긍정하고 자신의 운명을 사랑하는 초인이 되라고 말했지만, 결국 고통받는 존재를 보며 고통을 느꼈기 때문이었다. 니체는 이렇게 쓰러진 이후 '십자가에 못 박힌 자'라고 서명한 편지를 보내는 등 계속해서 이상 행동을 보였고, 10년 동안 정신병원에서 지내다 세상을 떠났다.

그는 "고통이 없다면 성장도 없다."라고 말하며, 어려움과 슬픔을 통해 성장하길 바랐다. 그렇게 강한 의지와 자율성을 강조한 그가 마지막 순간에 보여준 것은 인간적인 공감과 연민이었다.

차근차근 이해하기

👉 알쓸어록(알아 두면 쓸모 있는 어휘 기록)

기존: 이미 존재함
순탄: 삶 따위가 아무 탈 없이 순조로움
연민: 불쌍하고 가련하게 여김

똑똑하게 분석하기

👉 문단별로 요약한 내용을 확인하고, (   )안에 들어갈 단어를 써 보세요.

1문단: 기존의 믿음을 부수고 새로운 관점을 제시한 철학자 (   )
2문단: 니체가 채찍질 당하는 말을 보고 (   ) 이유
3문단: 강한 의지와 (   )을 강조한 니체

자유롭게 생각해 봅시다

👉 니체는 고통이 없다면 성장할 수 없다고 이야기해요. 이것에 동의하나요? 고통을 통해 성장했던 나만의 경험과 연결하여 자신의 생각을 표현해 보세요.

확장해서 읽어 봅시다

프리드리히 니체는 독일의 유명한 철학자입니다. 그의 철학에는 몇 가지 중요한 개념이 있습니다.

첫째, 니체는 "신은 죽었다."라고 말했습니다. 이는 우리가 종교나 과거의 가치에 의존하지 말고, 스스로 삶의 의미를 찾아야 한다는 의미입니다. 둘째, 그는 '초인(위버멘쉬)'을 제시했습니다. 초인은 자신의 운명을 스스로 만들어 가는 사람으로, 고난을 두려워하지 않고 성장의 기회로 삼아야 한다고 했습니다. 셋째, '힘의 의지'라는 개념도 있습니다. 이는 인간이 본능적으로 힘을 추구하며 삶을 열심히 살아가려는 경향입니다. 넷째, 니체는 '영원회귀'라는 개념을 통해 현재의 삶을 소중히 여겨야 한다고 강조했습니다. 마지막으로 그는 고통을 성장의 기회로 보았습니다. 우리는 어려움을 겪으며 진정한 힘과 지혜를 얻을 수 있다고 생각했습니다.

니체의 철학은 우리에게 고난을 통해 성장하고 스스로의 삶을 주체적으로 살아가라는 메시지를 전달합니다.

1문단: **니체** 2문단: **울었던**
3문단: **자율성**

행복하기 위해서 쾌락을 추구해도 될까?

행복하려면 욕망을 완전히 자제해야 할까 아니면 쾌락을 온전히 누려야 할까? 이 질문에 대해 고대 그리스의 두 철학 학파인 스토아학파와 에피쿠로스학파를 통해 생각해 볼 수 있다.

스토아학파는 욕망을 자제하는 것이 중요하다고 강조한다. 그들은 외부의 물질적인 것에 집착하지 않고 내면의 평화를 찾는 것이 진정한 행복이라고 믿는다. "불행은 외부에서 오는 것이 아니라 우리의 사고방식에서 온다."라고 말하여, 자신의 감정과 욕망을 조절해야 행복할 수 있다고 생각한다.

반면에 에피쿠로스학파는 "행복은 쾌락의 추구에서 온다."라고 말한다. 그러나 이들은 단순한 즐거움이 아니라, 진정한 기쁨과 행복을 찾으며 지혜롭게 즐기는 것을 중요하게 생각한다. 친구와 함께 시간을 보내고, 맛있는 음식을 먹는 것처럼 일상 속의 즐거움을 소중히 여긴다. 그들은 쾌락을 지나치게 추구하면 오히려 불행해질 수 있다고 경고한다.

서로 다른 철학을 가진 스토아학파와 에피쿠로스학파지만 우리의 삶 속에서 둘 다 필요하다. 마음을 다스리면서도 즐거움을 찾고 그 사이에서 균형을 맞춘다면 자연스럽게 지금보다 더 행복한 삶으로 이어질 것이다.

차근차근 이해하기

👉 알쓸어록(알아 두면 쓸모 있는 어휘 기록)

욕망: 부족을 느껴 무엇을 가지거나 누리고자 탐하는 마음
자제: 자기의 감정이나 욕망을 스스로 억제함
쾌락: 유쾌하고 즐거움

똑똑하게 분석하기

👉 문단별로 요약한 내용을 확인하고, (   )안에 들어갈 단어를 써 보세요.

1문단: 행복과 관련된 두 (   ) 학파
2문단: 스토아학파의 욕망의 (   )
3문단: 에피쿠로스학파의 (   )
4문단: (   ) 잡힌 삶의 중요성

자유롭게 생각해 봅시다

👉 에피쿠로스학파는 친구와의 관계나 맛있는 음식과 같은 일상의 즐거움을 소중히 여겼어요. 여러분은 일상에서 즐거움을 찾기 위해 무엇을 하고 있나요? 자신의 즐거움에 대해 이야기해 주세요.

확장해서 읽어 봅시다

고대 그리스 철학에는 인간의 감정과 평온함에 관한 두 가지 중요한 개념이 있습니다. 그것은 아파테이아와 아타락시아입니다. 이 두 개념은 비슷하게 들리지만 실제로는 다릅니다.

아파테이아는 스토아 철학에서 중요한 개념입니다. 아파테이아는 감정에 휘둘리지 않고 외부의 사건에 마음이 흔들리지 않도록 하는 것입니다. 스토아 철학자들은 생각이 감정을 제어할 때 진정한 평화를 찾을 수 있다고 믿었습니다. 예를 들어 중요한 결정을 내릴 때 감정에 휘둘리지 않고 논리적으로 생각하는 것이 아파테이아입니다.

반면에 아타락시아는 에피쿠로스학파가 중요하게 여기는 개념입니다. 아타락시아는 마음의 평온함을 의미하며, 쾌락과 고통의 균형을 맞추고 불필요한 두려움을 없애는 상태입니다. 에피쿠로스학파는 걱정 없이 편안한 마음인 아타락시아가 행복하기 위해 꼭 필요한 조건이라고 생각했습니다. 아타락시아는 바닷가에 앉아 조용한 파도 소리를 들으며 차분한 마음을 느끼는 것과 같습니다.

결국 아타락시아와 아파테이아는 모두 마음의 평온을 찾으려고 하지만 방법이 다릅니다. 아타락시아는 걱정과 불안을 없애는 데 중점을 두고, 아파테이아는 감정을 초월하고 도덕적인 덕을 실현하는 데 중점을 둡니다.

답

1문단: **철학**　　　　　2문단: **자제**
3문단: **쾌락 추구**　　　4문단: **균형**

고대 그리스 최고 철학자가 생각한 유토피아는?

플라톤의 《국가론》은 고대 그리스의 이상적인 사회와 정의에 대해 이야기하는 책이다. 그는 정의로운 국가는 개인과 사회가 조화를 이루는 상태인데, 세상에 존재하는 국가들이 완벽하지 않다며 최고의 나라를 구상하였다.

그는 정의가 잘 실현된 이상적인 국가를 위해 사람들을 세 가지 계층으로 나누었다. 첫째는 통치자(철인)로, 나라를 잘 다스리고 정의와 진리를 이해하려고 노력한다. 둘째는 수호자(전사)로, 나라를 방어하는 역할을 맡고 있다. 셋째는 생산자(농부와 상인)로, 농업이나 상업을 통해 사회를 유지하는 사람들이다. 플라톤은 정의로운 사회를 위해 각 계층이 자신의 역할을 잘하고 서로를 존중해야 하며, 어린이들이 올바른 가치관을 형성하기 위해 국가가 양육하고 교육해야 한다고 주장한다.

하지만 플라톤의 유토피아에는 몇 가지 한계가 있다. 첫째, 사람을 세 가지 계층으로 나누면 개인의 잠재력을 발휘하지 못할 수 있다. 둘째, 통치자가 권력을 남용하면 사람들은 불행해질 수 있다. 셋째, 국가가 아이들을 양육하면 정서적으로 고립될 수 있다.

이러한 한계에도 《국가론》은 정의로운 사회를 만들기 위해 필요한 요소와 개인의 역할의 중요성을 생각하게 만드는 의미를 가진다.

차근차근 이해하기

👉 **알쓸어록**(알아 두면 쓸모 있는 어휘 기록)

이상적: 생각할 수 있는 범위 안에서 가장 완전하다고 여겨지는 것
구상: 앞으로 이루려는 일에 대해 이리저리 생각함
양육: 아이를 보살펴서 자라게 함
남용: 일정한 기준이나 한도를 넘어서 함부로 씀

똑똑하게 분석하기

👉 문단별로 요약한 내용을 확인하고, (   )안에 들어갈 단어를 써 보세요.

1문단: 플라톤의 (   )
2문단: 그가 말하는 이상적인 국가의 세 가지 (   )
3문단: 플라톤의 유토피아 (   )
4문단: 정의로운 (   )에 대한 재고

자유롭게 생각해 봅시다

👉 플라톤은 어린이들이 올바른 가치관을 형성하기 위해 국가가 양육하고 교육해야 한다고 주장했어요. 이 생각에 동의하나요? 국가가 어린이들을 양육한다면 사회에 어떤 긍정적인(부정적인) 영향을 끼칠까요?

확장해서 읽어 봅시다

　플라톤은 고대 그리스의 유명한 철학자입니다. 그는 어렸을 때부터 똑똑하고 호기심이 많았습니다. 세상에 대해 많은 질문을 하며 배우고 싶어 했습니다. 플라톤에게 큰 영향을 준 사람은 소크라테스입니다. 소크라테스는 플라톤의 스승이자 고대 그리스의 아주 유명한 철학자입니다. 소크라테스는 사람들에게 질문을 하여 그들의 생각을 끌어내고 진리를 찾았습니다. "너 자신을 알라."라는 말을 하여 자기 자신을 아는 것이 중요하다고 강조했습니다. 하지만 소크라테스는 정치적인 이유로 사형에 처해졌습니다. 플라톤은 매우 슬펐지만, 그의 가르침을 바탕으로 자신의 철학을 발전시켰습니다.

　플라톤의 철학 중 하나는 '이데아론'입니다. 그는 우리가 보고 느끼는 현실은 진짜가 아니며, 진정한 실체는 이데아라고 말했습니다. 플라톤의 유명한 동굴의 비유는 사람들이 현실에 갇혀 진리를 보지 못하기에 교육을 통해 진정한 지혜를 깨달아야 한다는 뜻입니다.

　플라톤은 아카데미아라는 학교를 세워 많은 제자를 가르쳤습니다. 이 학교는 오늘날 대학의 시작이라고 할 수 있습니다. 제자들은 플라톤의 가르침을 통해 철학에 대해 깊이 배울 수 있었고, 그의 생각은 지금도 많은 사람에게 영향을 주고 있습니다.

1문단: **국가론**　　　　　2문단: **계층**
3문단: **한계**　　　　　　4문단: **사회**

5 어제와 오늘의 나는 과연 같은 사람일까? 테세우스의 배

테세우스의 배는 그리스 신화에 나오는 역설로, 원래 요소가 모두 바뀐 후에도 여전히 동일한 대상인지에 대한 사고 실험이다. 테세우스는 아테네의 왕이자 영웅으로, 괴물 미노타우로스를 죽인 후 아이들을 구해 델로스로 가는 배를 타고 탈출하였다. 이후 아테네인들은 이를 기념해 배를 영구 보존하며 테세우스의 전설을 기념한다.

하지만 시간이 지나면서 낡은 나무판자를 새것으로 바꿨다. 이렇게 판자를 하나씩 바꿔도 여전히 테세우스의 배라고 여겼다. 하지만 그러다 보면 결국 원래의 나무가 하나도 남지 않게 된다. 그렇다면 그 배를 여전히 테세우스의 배라고 부를 수 있을까?

이 질문은 철학자 토머스 홉스에 의해 더 확장되었다. 원래 부품들을 보관하면서 그것으로 똑같은 배를 만든다면 그것이 진짜 배일까? 여러 번 수리되어 원래의 나무가 거의 남지 않은 배와 버려진 판자를 모아 만든 배 중 어느 것이 진정한 테세우스의 배일까?

이 질문은 우리의 정체성에 대해서도 생각해 보게 한다. 사람은 성장하면서 많은 것이 변하면서 세상을 다르게 바라보기도 한다. 하지만 외모나 생각이 바뀌어도 여전히 나라는 존재는 변하지 않는다. 그렇기에 우리는 변화하는 것을 두려워하지 말고, 나의 변화와 성장을 즐기며 나 자신을 잃지 않는 것이 중요하다.

차근차근 이해하기

👉 **알쓸어록**(알아 두면 쓸모 있는 어휘 기록)

역설: 어떤 주의나 주장에 반대되는 이론이나 말
동일: 어떤 것과 비교하여 똑같음
정체성: 변하지 아니하는 존재의 본질을 깨닫는 성질

똑똑하게 분석하기

👉 문단별로 요약한 내용을 확인하고, (   )안에 들어갈 단어를 써 보세요.

1문단: 테세우스의 배 (   )
2문단: 테세우스 배의 부품 (   ) 문제로 제기된 역설의 문제
3문단: 토머스 홉스에 의해 (   ) 테세우스 배의 역설
4문단: 테세우스의 배 역설을 통해 고민해 보는 (   )

자유롭게 생각해 봅시다

👉 여러 번 수리되어 원래의 나무가 거의 남아 있지 않은 배와, 버려진 판자를 모아 첫 번째 배와 똑같이 만든 배 중에서, 여러분은 어느 쪽이 진정한 테세우스의 배라고 생각하나요? 그 이유는 무엇인가요?

확장해서 읽어 봅시다

현대에도 테세우스의 배와 비슷한 논의가 많이 일어납니다. 특히 역사적 건축물을 복원할 때 '진정성'과 '원본성'에 대한 문제가 중요하게 다뤄집니다. 예를 들어, 대한민국의 국보인 숭례문은 2008년에 화재로 불타서 없어졌습니다. 이후에 숭례문을 어떻게 복원할 것인지에 대한 많은 논의가 있었습니다. 사람들은 복원 과정에서 숭례문의 의미와 가치를 어떻게 지킬 수 있을지를 고민했습니다.

복원에 대한 두 가지 의견이 나왔습니다. 첫 번째는 원래 모습과 똑같이 복원해야 한다는 것이고, 두 번째는 현대의 기술을 사용해 새로운 모습으로 만들어야 한다는 것입니다. 일부 사람들은 복원된 숭례문이 과거의 역사적 가치를 담아야 한다고 했지만, 다른 사람들은 더 안전하고 튼튼한 구조를 만드는 것이 중요하다고 주장했습니다.

만약 모든 부품이 바뀌었다면, 그 건축물을 여전히 원래의 숭례문이라고 부를 수 있을지에 대한 논란이 계속되었습니다. 문화유산을 복원하면서 역사와 의미를 어떻게 지킬지를 고민하는 것은 테세우스의 배 이야기와 연결됩니다. 역사적 건축물의 복원 과정에서 우리는 무엇이 진정한 '정체성'인지 다시 생각하게 됩니다.

1문단: **역설**   2문단: **교체**
3문단: **확장된**   4문단: **정체성**

우리가 경험하는 현실이 진짜일까? 통 속의 뇌

6

'통 속의 뇌'는 미국의 철학자 힐러리 퍼트넘이 1982년에 제안한 흥미로운 아이디어다. 이 사고 실험은 "우리가 진짜로 존재하는 현실을 경험하고 있는 걸까?"라는 질문에서 시작된다. 이 실험에서는 우리의 뇌가 몸과 따로 있다고 가정한다. 하나의 큰 통 안에 뇌가 담겨 있고, 그 통에는 특별한 용액이 있다. 그리고 이 뇌는 컴퓨터가 전기 신호를 보내는 방식으로 우리가 느끼는 감각들을 만들어 낸다. 예를 들어 맛있는 음식을 먹거나 아름다운 풍경을 볼 때 느끼는 모든 것은 사실 컴퓨터에서 보낸 전기 신호일 수 있다.

이 사고 실험은 우리가 경험하는 현실이 정말 진짜인지 생각하게 만든다. 만약 우리가 통 속의 뇌처럼 만들어진 세계에 살고 있다면, 진짜 세계와 가짜 세상을 어떻게 구별할 수 있을까? 이는 우리에게 현실과 가상의 경계를 고민하게 한다. 예를 들어 VR 기술은 인공적인 자극으로 현실감 있는 경험을 만들어 주는데, 이는 통 속의 뇌와 유사하다. 이처럼 과학자들은 뇌를 자극하여 인공적으로 감각을 전달하는 연구를 계속해서 진행 중이다.

우리가 게임 속에 살고 있지 않다고 확신할 수 있을까? 통 속의 뇌를 통해 우리가 현실을 어떻게 이해하는지를 근본적으로 돌아보면서, 현실과 가상의 경계에 대해 생각해 보면 좋겠다.

차근차근 이해하기

👉 **알쏠어록**(알아 두면 쓸모 있는 어휘 기록)

가상: 사실이 아니거나 사실 여부가 분명하지 않은 것을 사실이라고 가정하여 생각함
확신: 굳게 믿음
경계: 사물이 어떠한 기준에 의하여 분간되는 한계

똑똑하게 분석하기

👉 문단별로 요약한 내용을 확인하고, (   )안에 들어갈 단어를 써 보세요.

1문단: 통속의 뇌의 (   )
2문단: 통속의 뇌 실험과 비슷한 (   ) 기술
3문단: 현실과 가상의 (   )에 대한 의문

자유롭게 생각해 봅시다

👉 요즘 VR 기술은 실제처럼 느껴지는 경험을 만들어 줄 수 있어요. 여러분은 VR 기술이 현실과 비슷하다고 느끼나요? 또는 차이가 있다고 생각하나요?

확장해서 읽어 봅시다

　통 속의 뇌는 우리가 느끼고 경험하는 모든 것이 특별한 자극으로 만들어질 수 있다는 생각을 보여 줍니다. 이 아이디어는 뇌-컴퓨터 연결(BCI) 기술의 가능성도 나타냅니다. BCI 기술은 우리의 뇌와 컴퓨터를 연결해 정보를 주고받는 방법입니다.

　현재 BCI 기술의 발전 예로 두 가지가 있습니다. 첫 번째는 뇌에 작은 전극을 심는 기술입니다. 과학자들은 뇌에 전극을 넣어서 뇌가 보내는 신호를 읽고, 이를 통해 사용자가 로봇 팔을 조종할 수 있도록 연구하고 있습니다. 이렇게 하면 팔을 움직이지 못하는 사람도 생각만으로 로봇 팔을 움직일 수 있게 됩니다. 두 번째 예는 가상 현실(VR)과 BCI를 함께 사용하는 것입니다. VR 기술은 우리가 다른 세상을 경험하게 해주는 기술입니다. 또한 BCI 기술은 병원에서도 도움이 됩니다. 의사들은 뇌파를 측정해서 뇌의 문제를 알아내고 필요한 치료를 진행합니다.

　BCI 기술의 발전은 많은 가능성을 열어 주지만 윤리적 문제도 함께 고려해야 합니다. 인류에게 희망의 메시지가 될 수 있도록 모두의 지혜와 노력이 필요한 시점입니다.

1문단: **의미**　　　　　　　　2문단: **가상 현실**
3문단: **경계**

'인간은 본래 선하다'더니 다섯 아이를 버린 철학자 루소

루소는 18세기 프랑스의 철학자이자 교육 사상가이다. 그는 "인간은 본래 선하다."라는 주장을 하면서 사람의 마음속에는 사랑과 친절함이 있다고 했지만 개인적인 삶에는 모순적인 점이 있었다.

　그는 연인이자 하녀인 테레즈와의 사이에서 다섯 명의 아이를 낳았지만, 이들 모두를 고아원에 보냈다. 그 이유는 경제적인 여유가 없는 상황에서 아이들을 키워 봤자 바르게 키울 수 없을 것이라고 생각했기 때문이었다. 물론 당시 파리에서 공립 고아원에 아이를 보내는 것은 일종의 사회적인 관행처럼 여겨지기도 했다. 그 당시 신생아의 3분의 1이 고아원에 보내졌고, 유명한 철학자 달랑베르도 사생아로 버려진 경험이 있었다. 하지만 위대한 교육 사상가로서 도저히 해서는 안 될 행동이었기에 많은 비난을 받았다.

　교육 철학을 담아 출간한 책《에밀》에서 그는 "아버지의 의무를 다할 수 없는 사람에게는 아버지가 될 권리가 없다. 아버지는 자기 자식을 스스로 양육하고 교육해야 한다. 빈곤이나 일, 현실 등이 그 의무를 면제해 주지는 못한다."라며 자녀 교육에 있어 아버지의 책임과 의무를 강조하였다. 자신의 행동과 모순되는 내용을 썼음에도 뛰어난 교육 철학으로 교육계의 바이블로 꼽히고 있는 데다가 '근대 교육학의 아버지'로 칭송받고 있다는 것이 무척 아이러니하다.

차근차근 이해하기

☞ **알쓸어록**(알아 두면 쓸모 있는 어휘 기록)

> **관행**: 오래전부터 해 오는 대로 함
> **출간**: 서적을 인쇄하여 세상에 내놓음
> **면제**: 책임이나 의무 따위를 면하여 줌

똑똑하게 분석하기

☞ 문단별로 요약한 내용을 확인하고, (   )안에 들어갈 단어를 써 보세요.

1문단: 유명한 교육 사상가이자 철학자인 (   )
2문단: 루소가 다섯 명의 아이들을 (   )에 보낸 이유
3문단: 루소의 책 (   )이 가지고 있는 아이러니

자유롭게 생각해 봅시다

☞ 루소는 아이들을 고아원에 보냈지만, 교육 철학과 관련하여 훌륭한 책을 써 내 '근대 교육학의 아버지'라고 불리기도 해요. 한 사람의 삶과 그 사람이 남긴 생각이나 철학을 따로 떼어서 생각할 수 있을까요? 루소의 행동 때문에 그의 교육 철학까지 나쁘다고 할 수 있을까요?

확장해서 읽어 봅시다

장 자크 루소는 18세기 프랑스의 저명한 철학자이며, 그의 대표작 중 하나인 《에밀》은 어린이의 교육과 성장에 관한 내용을 담고 있습니다. 루소는 어린이가 자연스럽게 자라고 배워야 한다고 믿었으며, 이를 통해 실제 경험이 얼마나 중요한지를 강조했습니다. 그는 어린이가 스스로 생각하고 자기 감정을 이해할 수 있는 능력을 기르는 것이 교육의 핵심이라고 생각했습니다.

루소는 교육이 단순히 지식을 전달하는 것이 아니라 아이들이 자유롭고 독립적으로 사고할 수 있도록 돕는 과정이어야 한다고 말했습니다. 이 과정에서 아이들은 사회와 연결되면서도 자신의 순수함과 자유를 유지할 수 있어야 한다고 강조했습니다. 또한 그는 교육에서는 아이들의 개성과 감정을 존중하는 것이 중요하며, 모든 아이가 자신의 잠재력을 최대한 발휘할 수 있는 환경이 필요하다고 주장했습니다.

오늘날에도 루소의 교육 철학은 여전히 중요한 가치를 가지고 있습니다. 그는 교육이 아이의 자유를 억압하는 것이 아니라 본성을 개발하는 과정으로 여겨야 한다고 강조했습니다. 루소의 가르침은 자연과의 조화, 개인의 자유 존중 그리고 전인적 성장의 중요성을 통해 현대 사회에서도 많은 사람에게 깊은 깨달음을 주고 있습니다.

1문단: **루소** 2문단: **고아원**
3문단: **에밀**

8 쇼펜하우어, 괴롭다는 걸 알아야 행복해질 수 있다

19세기 독일의 철학자 아르투어 쇼펜하우어는 사는 게 곧 고통이라고 말한 염세주의 철학자이다. 염세주의는 세상을 부정적으로 바라보는 태도를 의미한다. 그는 인생을 단순히 비관적으로 보는 것이 아니라 고통의 원인을 분석하고 벗어날 방법을 찾으려 했다.

쇼펜하우어는 모든 생명체가 '의지'라는 강한 욕망을 가지고 있다고 주장했다. 의지는 우리가 원하는 것을 얻으려는 힘이다. 그는 욕망이 **충족**되면 행복할 것이라고 생각했지만, 목표가 없으면 **권태**라는 또 다른 고통이 찾아온다고 설명했다. 또한 그는 고통의 원인을 이해하고 줄이는 방법을 고민해야 하며, 욕망을 줄이고 현실을 받아들이는 것이 중요하다고 강조했다. 다른 사람과 비교하기보다는 자신에게 기준을 두어야 진짜 행복을 누릴 수 있다고 믿었다.

쇼펜하우어는 예술과 자기 **성찰**이 고통을 줄이고 삶의 의미를 찾는 데 큰 도움이 될 수 있다고 생각했다. 음악을 듣거나 글을 쓰는 예술 활동은 마음에 평화를 가져오고 잠깐이나마 고통에서 벗어날 수 있게 하기도 한다. 또한 그는 우리 삶이 고통과 권태 사이에서 균형을 잡고 의미를 찾는 것이 중요하다고 강조했다. 고통을 피하기보다 잘 받아들이고 이를 통해 더 나은 내가 되는 것이 중요하다는 것을 기억해야 한다.

차근차근 이해하기

 알쓸어록(알아 두면 쓸모 있는 어휘 기록)

충족: 넉넉하여 모자람이 없음
권태: 어떤 일이나 상태에 시들해져서 생기는 게으름이나 싫증
성찰: 자기의 마음을 반성하고 살핌

똑똑하게 분석하기

 문단별로 요약한 내용을 확인하고, (   )안에 들어갈 단어를 써 보세요.

1문단: (   ) 철학자인 쇼펜하우어
2문단: 쇼펜하우어 (   )의 내용
3문단: 예술과 (   )의 중요성

자유롭게 생각해 봅시다

 쇼펜하우어는 음악이나 글쓰기 같은 예술 활동이 고통을 줄이는 데 도움이 된다고 말했어요. 여러분은 평소에 자신이 하는 예술 활동이 마음을 편안하게 해준다고 생각하나요? 어떤 예술 활동이 그런 느낌을 주는지 생각해 보세요.

확장해서 읽어 봅시다

　아르투어 쇼펜하우어는 독일의 유명한 철학자입니다. 그는 오랫동안 주변 사람들에게 인정받지 못하고 무명으로 살았습니다. 그의 성격은 괴팍했고 외모도 좋지 않았습니다. 그는 "사람들은 나에게 고통을 주지만, 개는 나에게 사랑을 준다."라고 말하며 개와 함께하는 시간을 소중하게 여겼습니다.

　쇼펜하우어의 삶은 불안과 두려움으로 가득 차 있었습니다. 그는 불길한 망상에 시달리며 불이 날까 봐 2층에서 자지 않았고, 금화를 잉크병에 숨기거나 지폐를 침대 밑에 감추기도 했습니다. 그는 이발사조차 신뢰하지 않아 수염 면도를 시키지 않았고, 항상 침대 옆에 권총을 두고 잤습니다. 게다가 그는 여자를 불행의 근원으로 생각하며 사람과의 관계에서 고통을 느꼈습니다.

　하지만 1811년, 베를린에서 콜레라가 유행하고 헤겔이 죽은 후 그의 염세주의 철학이 주목받았습니다. 쇼펜하우어의 철학은 고통과 삶의 의미에 대한 깊은 통찰을 제공하며, 오늘날에도 여전히 많은 사람에게 영향을 주고 있습니다.

1문단: **염세주의**　　　2문단: **철학**
3문단: **자기 성찰**

4장

정치

1. 만 17세는 투표할 수 없고, 만 18세 이상은 할 수 있는 이유는?

투표권은 시민이 정치적 결정을 내리기 위해 투표할 수 있는 권리이다. 이 권리를 통해 사람들은 후보자를 선택하거나 **법안**에 대해 찬성하거나 반대할 수 있다. 투표는 민주 사회에서 매우 중요한, 시민의 의견이 국가 정책에 **반영**되는 방법이다.

투표권은 오랜 시간 동안 변해왔다. 고대 그리스에서는 시민이 직접 투표로 법과 정책을 결정했으나, 여성이나 노예는 투표할 수 없었다. 19세기 초 영국에서 노동자들이 투표권을 요구했고, 1867년에 인정되었다. 이후 1918년에 21세 이상의 남성과 30세 이상의 여성에게 투표권이 주어졌다. 백인 남성만 투표할 수 있었던 미국에서도 1920년에 여성에게도 투표권이 생겼고, 1966년에는 모든 주에서 흑인도 투표할 수 있게 되었다.

우리나라에서 만 18세 미만의 미성년자는 투표권이 없다. 이유는 첫째, 미성년자는 사회적으로 성인보다 덜 성숙하다고 여겨진다. 둘째, 나라의 지도자와 법을 결정하는 복잡한 **사안**을 이해하는 데 미성년자는 경험이나 지식이 부족할 수 있다.

물론 투표권이 없더라도 다른 방법으로 정치에 참여할 수 있다. 학교나 지역 사회의 토론회에 참여하여 의견을 나누는 등의 작은 관심과 참여가 큰 변화를 만들 수 있다는 걸 잊지 말자.

차근차근 이해하기

☞ **알쓸어록**(알아 두면 쓸모 있는 어휘 기록)

> **법안**: 법률의 안건이나 초안
> **반영**: 다른 것에 영향을 받아 어떤 현상이 나타남
> **사안**: 법률이나 규정 따위에서 문제가 되는 일이나 안

똑똑하게 분석하기

☞ 문단별로 요약한 내용을 확인하고, (   )안에 들어갈 단어를 써 보세요.

  1문단: (   )의 의미
  2문단: 투표권의 역사적 (   )와 발전
  3문단: 한국의 만 18세 미만 (   ) 투표권 제한의 이유
  4문단: 투표권이 없더라도 (   )에 참여할 수 있는 방법

자유롭게 생각해 봅시다

☞ 우리나라의 투표권은 만 18세 이상의 사람에게만 주어지는데, 이렇게 정해진 것이 적절하다고 생각하나요? 아니면 미성년자도 투표권을 가질 수 있어야 한다고 생각하나요? 여러분의 의견과 그 이유를 함께 이야기해 보세요.

확장해서 읽어 봅시다

　우리나라의 선거권은 오랜 시간 동안 많은 변화가 있었습니다. 일제 강점기 이전에는 양반이 나라를 다스려 일반 백성은 정치에 참여할 기회가 거의 없었습니다. 1910년 일본이 한국을 점령한 뒤에는 한국인의 선거권 마저 완전히 박탈되었습니다.

　1945년 제2차 세계 대전이 끝나고 한국은 해방되었는데 그 후, 1948년에 대한민국 정부가 생기고 처음으로 선거가 시행되었습니다. 당시에는 만 21세 이상의 남성과 여성이 투표할 수 있었습니다. 이는 민주주의의 시작을 알리는 중요한 일이었습니다.

　1960년에는 4.19 혁명으로 국민이 부정 선거에 항의하며 민주주의를 요구했습니다. 그 결과 이승만 대통령이 물러났고, 선거권 연령이 만 21세에서 만 20세로 낮아졌습니다. 2005년에는 만 19세부터 투표할 수 있게 되었고, 2020년에는 청소년의 정치 참여를 위해 만 18세부터 투표할 수 있게 되었습니다. 하지만 만 18세가 되어도 몇 가지 조건에 따라 선거권이 제한될 수 있습니다. 예를 들어 1년 이상 징역형을 받은 사람이나 특정한 범죄로 벌금 100만 원 이상을 받은 사람은 일정 기간 동안 투표할 수 없습니다.

1문단: **투표권**　　　　　2문단: **변화**
3문단: **미성년자**　　　　4문단: **정치**

2 다른 나라 선거 결과가 우리나라의 경제와 안보에 무슨 상관일까?

일본의 총리와 미국의 대통령의 결정은 우리나라에 큰 영향을 미친다. 이들의 정책은 경제와 안보에 중요한 영향을 줄 수 있다.

먼저 경제적인 영향을 살펴보자. 미국의 대통령인 트럼프가 자국의 이익을 우선시하여 한국의 자동차와 철강 제품에 높은 세금을 부과하면, 한국에서 미국으로 수출하는 제품의 가격이 오르게 된다. 이는 판매 감소로 이어져 우리나라 기업들에게 어려움을 주고, 결국 경제에 부정적인 영향을 미칠 수 있다.

일본의 총리가 한국 관광객을 유치하려고 하면 한국의 여행 산업이 성장할 수 있다. 그러나 만약 일본이 관광객 수를 줄이기 위해 숙박료와 여행세를 대폭 인상하면, 우리나라의 일본 관련 여행 산업은 어려움에 처할 수 있다.

안보 문제 역시 중요하다. 트럼프가 북한과의 관계를 직설적으로 다루면 한국의 안보 상황이 불안정해질 수 있으며, 주한 미군의 비용을 더 많이 부담해야 한다고 주장하면 한국과 미국 간에 긴장이 생길 수 있다.

결론적으로 일본의 총리와 미국의 대통령의 정책에 따라 우리나라의 경제와 사회는 크게 영향을 받을 수 있다. 그렇기 때문에 두 나라의 리더가 어떤 결정을 내리는지 관심을 가져야 한다.

차근차근 이해하기

☞ 알쓸어록(알아 두면 쓸모 있는 어휘 기록)

안보: '안전 보장'을 줄여 이르는 말
부과: 세금이나 부담금 따위를 매기어 부담하게 함
대폭: 큰 폭이나 범위

똑똑하게 분석하기

☞ 문단별로 요약한 내용을 확인하고, (   )안에 들어갈 단어를 써 보세요.

1문단: 다른 나라 대통령의 (   )이 우리 경제와 안보에 미치는 영향
2문단: 미국 (   ) 조치가 우리 경제에 미치는 영향
3문단: 일본 (   )이 우리 여행 산업에 미치는 영향
4문단: 한국 (   )에 파장을 일으키는 미국의 대북 접근
5문단: 두 나라의 (   ) 방향에 따라 달라지는 우리나라의 경제와 사회

자유롭게 생각해 봅시다

☞ 미국 대통령의 정책이 한국의 안보에 긴장을 줄 수 있다고 했는데, 그렇다면 우리는 어떻게 대응해야 할까요? 한국이 취할 수 있는 대응 방안에 대해 생각해 보세요.

확장해서 읽어 봅시다

전 세계는 다양한 나라로 이루어져 있으며, 각 나라는 특별한 문화와 분위기를 가지고 있습니다. 때때로 문제를 해결하고 협력해야 할 필요가 있는데, 이때 중요한 것이 '국제 협력'입니다.

국제 협력은 경제적으로 매우 중요합니다. 무역을 통해 우리는 다른 나라의 다양한 제품을 쉽게 접할 수 있습니다. 서로의 상품을 거래하며 더 많은 일자리가 생기고 경제 또한 발전하게 됩니다.

안전과 평화도 국제 협력에서 중요한 부분입니다. 한국과 미국은 함께 군사 훈련을 하여 북한의 위협에 대비하고, 공격을 받거나 전쟁이 났을 때 신속하게 대응할 수 있습니다.

문화 교류를 통해 서로의 문화를 이해하는 것도 중요합니다. 한국의 K-팝은 전 세계적으로 인기를 얻고 있으며, 방탄소년단(BTS)과 같은 그룹은 한국 문화를 알리고 한국의 경제를 살리고 있습니다.

이처럼 국제 협력은 경제, 안전, 문화 등 다양한 분야에서 중요한 역할을 하며, 세계 각국이 협력하여 보다 나은 미래를 만들어 나가는 데 기여하고 있습니다.

1문단: **결정** 2문단: **관세**
3문단: **관광 정책** 4문단: **안보**
5문단: **정책**

대통령, 총리, 왕까지, 나라별로 다른 정부의 형태

세계에는 여러 나라가 있고, 나라마다 정치하는 방식이 다르다. 그래서 나라를 이끄는 사람의 이름과 역할도 다르다.

예를 들어 미국은 나라의 대표를 대통령이라고 한다. 대통령은 법을 만들 수는 없고, 국회의 도움을 받아야 한다. 대통령 혼자 결정하지 못하게 입법부(의회), 사법부(법원) 등 여러 기관이 서로 감시하는 시스템이다. 미국 대통령은 4년 **연임제**를 운영하고 한국은 5년 **단임제**를 운영한다.

일본과 영국은 총리가 나라를 이끈다. 이런 방식을 의원 내각제라고 한다. 국민이 국회의원을 뽑고, 국회의원이 총리를 뽑는다. 그래서 총리는 국회와 밀접하게 연결되어 있어서 정책 결정을 신속하게 할 수 있지만, 자주 바뀔 수도 있어 나라가 불안정해질 수도 있다. 일본에는 일왕, 영국에는 왕이나 여왕이 있지만, 실제로 정치는 하지 않는다. 일본의 일왕은 나라의 상징이다. 영국의 왕이나 여왕도 정치를 하는 대신 전통을 지키고 나라를 대표한다. 하지만 영국의 경우 왕과 여왕은 국가의 통합과 정체성을 드러내는 상징적인 존재이기 때문에 훨씬 더 많이 **부각**되고 있다.

이렇게 나라마다 정치 방식의 이름도 다르고 하는 일도 다르다. 이런 차이는 그 나라의 역사와 문화 때문에 생긴 것이다.

차근차근 이해하기

👉 **알쓸어록**(알아 두면 쓸모 있는 어휘 기록)

연임제: 임기를 마친 후에 다시 그 직무를 맡을 수 있는 제도
단임제: 어떤 직위나 직책을 정해진 임기만큼 단 한 번 수행할 수 있는 제도
부각: 어떤 사물을 특징지어 두드러지게 함

똑똑하게 분석하기

👉 문단별로 요약한 내용을 확인하고, (   )안에 들어갈 단어를 써 보세요.

1문단: 각국의 (   ) 체계
2문단: 미국의 (   ) 특징
3문단: 일본 및 영국의 (   )
4문단: (   )와 문화로 인해 생긴 각 나라의 정치 시스템

자유롭게 생각해 봅시다

👉 각 나라의 정치 체제는 그 나라의 역사와 문화에 따라 다르게 발전해 왔어요. 예를 들어 미국은 대통령제를 운영하고, 일본과 영국은 의원 내각제를 운영해요. 여러분이 생각하기에 어떤 정치 체제가 더 효과적이라고 생각하나요?

확장해서 읽어 봅시다

　세계에는 193개의 나라가 있고, 그중 44개 나라는 아직도 왕이나 여왕이 있는 나라, 즉 군주제를 유지하고 있습니다. 유럽에는 영국, 스페인, 네덜란드, 벨기에, 스웨덴 등 10개 나라가 입헌 군주제라는 방식을 택했습니다. 입헌 군주제는 왕이나 여왕이 있지만, 정치적인 힘은 거의 없고 국회가 나라를 다스리는 방식입니다.

　그럼 왜 이런 제도를 아직도 유지할까요? 첫째, 경제적 이익 때문입니다. 영국은 왕실 유지에 매년 1,400억 원 이상이 들지만, 관광 수익은 그보다 많습니다. 둘째, 오랜 전통 때문입니다. 각국의 왕실은 오랜 역사와 전통을 가지고 있습니다. 영국 왕실은 제국을 건설했던 역사로 존중받고, 스페인 왕실은 민주주의를 지키기 위해 군부에 저항한 일로 사랑받습니다. 셋째, 왕이나 여왕은 상징적인 역할만 합니다. 법적으로 힘은 있어도 실제로 정치에는 참여하지 않습니다. 대신 국민을 하나로 모으는 역할을 합니다.

　이런 이유로 유럽의 많은 나라에서 입헌군주제가 여전히 시행되고 있습니다. 이는 시대에 뒤떨어진 구시대의 유물이라는 의견도 있지만, 각 나라마다 특별한 배경과 이유로 여전히 지지를 받고 있습니다.

1문단: **정치**　　　　　　　　2문단: **대통령제**
3문단: **의원내각제**　　　　　4문단: **역사**

4 미국은 100년, 한국은 50년, 왜 최고 형량이 차이가 날까?

우리나라와 미국은 법을 다루는 방식이 조금 다르다. 미국에서는 '병과주의'를 **채택**하고 있다. 한 사람이 여러 가지 범죄를 동시에 저질렀을 때, 각각 따로 **형량**을 매겨 이를 합산하여 처벌하는 것이다. 이렇게 여러 건의 범죄가 쌓이면 이론적으로는 1000년 이상의 형도 가능하다. 이렇게 하는 이유는 범죄에 대해 무겁게 벌함으로써 사회를 안전하게 지키기 위해서이다.

하지만 이런 병과주의에는 몇 가지 문제가 있다. 예를 들어 가벼운 범죄를 여러 번 저지른 사람은 큰 범죄를 저지른 사람보다 더 무거운 처벌을 받을 수 있다. 또한 형량이 합쳐지면 너무 많은 사람이 감옥에 오래 머무르게 돼 관리가 어렵고 돈도 많이 들게 된다.

반면 한국은 '가중주의'를 채택하고 있다. 가장 무거운 범죄의 형량을 먼저 정하고, 다른 범죄는 조금씩 더해서 최대로 50년까지만 형량을 주는 것이다.

왜 한국은 미국처럼 모든 범죄의 형량을 더하지 않는 걸까? 한국은 범죄자의 **교화**를 강조하고 있기 때문이다. 즉 범죄자가 형을 마친 뒤에 사회에 잘 적응할 수 있도록 돕는 것이 중요하다고 생각하고 있다. 이처럼 법은 단순한 규칙이 아니라, 각 나라의 역사와 사회적 가치가 반영된 중요한 요소이다.

차근차근 이해하기

 알쓸어록(알아 두면 쓸모 있는 어휘 기록)

채택: 작품, 의견, 제도 등을 골라서 다루거나 뽑아서 씀
형량: 죄인에게 내리는 형벌의 정도로 죄인이 복역해야 할 기간
교화: 가르치고 이끌어서 좋은 방향으로 나아가게 함

똑똑하게 분석하기

☞ 문단별로 요약한 내용을 확인하고, (   )안에 들어갈 단어를 써 보세요.

1문단: 미국의 (   )
2문단: 병과주의의 (   )
3문단: 한국의 (   )
4문단: (   )를 강조하는 한국의 가중주의 법 체계

자유롭게 생각해 봅시다

☞ 유럽의 많은 나라가 사형 제도를 없앤 후, 특정 범죄가 늘어났다는 보고가 있어요. 여러분은 사형 제도를 없애는 것이 좋은 생각이라고 생각하나요? 사형이 범죄를 줄이는 데 도움이 된다고 생각하나요? 여러분의 생각을 자유롭게 적어 보세요!

확장해서 읽어 봅시다

　사형 제도는 심각한 범죄를 저지른 사람에게 주는 형벌로 그 사람의 생명을 빼앗는 것인데 나라마다 사형 제도를 운영하는 방식이 다릅니다.

　미국은 주마다 사형 제도를 다르게 시행하고, 중국은 세계에서 가장 많은 사형을 집행하는 나라입니다. 반면 유럽의 많은 나라는 사형 제도를 없앴습니다. 한국은 법에는 사형이 있지만, 1997년 이후 한 번도 하지 않아 사실상 사형이 없는 나라로 여겨집니다.

　사형 제도에 대한 찬성 이유 중 하나는 범죄 예방 효과가 있다는 점입니다. 사형 제도가 있으면 사람들은 큰 범죄를 저지르지 않을 것이라고 생각하게 됩니다. 또한 범죄자가 제대로 벌을 받아야 피해자의 가족들이 마음의 위로를 받을 수 있다고 생각합니다.

　하지만 사형 제도를 반대하는 사람들도 많습니다. 첫째, 잘못된 판단으로 억울한 사람이 사형을 받을 수 있기 때문입니다. 실제로 미국에서는 사형을 당한 사람들이 나중에 무죄로 밝혀진 사례도 있습니다. 둘째, 사형 제도는 범죄자가 반성하고 다시 바르게 살 기회를 빼앗기 때문입니다.

　이처럼 사형 제도는 여러 나라에서 다르게 운영되고 있으며, 찬반에 대한 의견이 계속 나뉘고 있습니다. 더 좋은 사회를 만들기 위한 방법을 함께 고민해 보면 좋겠습니다.

1문단: **병과주의**　　　　　2문단: **문제점**
3문단: **가중주의**　　　　　4문단: **교화**

5 같은 말을 쓰지만 다른 나라, 중국과 홍콩, 대만

홍콩과 대만은 모두 중국어를 쓰는 지역이지만, 서로 다른 나라처럼 여겨진다. 원래 중국 땅이었던 홍콩은 1842년에 아편전쟁에서 지고 영국 땅이 되었다. 그 후 155년 동안 영국의 지배를 받다가, 1997년에 다시 중국으로 **반환**되었다. 하지만 홍콩은 '특별행정구'라는 지역이 되었고 '일국양제'라는 제도 아래에서 운영된다.

일국양제는 하나의 나라 안에 두 가지 제도를 쓸 수 있다는 뜻으로 중국 내에서 자본주의와 사회주의라는 서로 다른 **체제**를 함께 사용할 수 있다는 원칙이다. 그래서 중국은 사회주의이지만, 홍콩은 자본주의를 유지하고 있다. 마카오도 같은 이유로 1999년에 중국에 반환되며 **독자적**인 행정과 법을 유지할 수 있게 되었다.

대만은 네덜란드와 일본의 지배를 받다가 1945년부터 중화민국 정부의 지배를 받았다. 하지만 1949년에 중화민국 정부와 중국(공산당)의 내전에서 중화민국 정부가 패하고 대만으로 피신하게 된다. 그 후 자신들만의 정부를 만들어 민주적인 사회로 발전하였다.

이처럼 홍콩과 대만은 같은 언어를 사용하지만, 서로 다른 역사와 정치 상황 때문에 다른 나라로 인식되고 있다. 홍콩은 중국의 특별행정구이면서 자본주의 체제를 유지하고, 대만은 독립적인 민주 사회로 발전하고 있다.

차근차근 이해하기

👉 **알쓸어록**(알아 두면 쓸모 있는 어휘 기록)

> **반환**: 빌리거나 차지했던 것을 되돌려줌
> **체제**: 국가나 사회를 조직하고 유지하는 전체적인 틀
> **독자적**: 남에게 기대지 않고 혼자서 하는 것

똑똑하게 분석하기

👉 문단별로 요약한 내용을 확인하고, (   )안에 들어갈 단어를 써 보세요.

1문단: 특별행정구 (   )의 역사
2문단: (   )의 의미
3문단: (   )의 역사와 독립적 정체성
4문단: 홍콩과 대만 체제의 (   )

자유롭게 생각해 봅시다

👉 '일국양제' 시스템이 홍콩에 도움이 된다고 생각하나요? 아니면 문제가 된다고 생각하나요? 그 이유는 무엇인가요?

확장해서 읽어 봅시다

홍콩은 1997년에 중국으로 다시 돌아갔습니다. 그때부터 중국은 홍콩이 '일국양제'라는 특별한 제도로 운영될 수 있도록 약속했습니다. '일국양제'는 하나의 나라 안에서 두 가지 다른 제도를 함께 쓰는 것입니다. 그래서 홍콩은 자본주의 체제와 자유로운 생활을 50년 동안 계속할 수 있게 되었습니다. 하지만 2047년이 지나면 이 약속이 끝나게 됩니다. 그래서 많은 사람은 홍콩의 자유가 줄어들고 사회주의 체제로 통합될 것을 걱정하고 있습니다.

2019년에는 '송환법(범죄인을 인도하는 법안)' 때문에 큰 시위가 일어났습니다. 그들은 송환법의 완전한 철폐와 민주적인 선거 제도를 요구했습니다. 하지만 그 이후로 홍콩에서는 정치와 언론에 대한 통제가 더 강해졌고 영국은 2021년부터 영국으로의 이주를 희망하는 홍콩 주민들에게 특별 비자를 신청할 수 있도록 하였습니다. 이로 인해 많은 사람이 홍콩을 떠나고 있습니다.

홍콩의 '일국양제' 체제가 2047년 이후에 어떤 변화를 보일지 주목해야 합니다. 만약 이 체제가 제대로 유지되지 않는다면 홍콩은 중국과의 관계에서 큰 변화를 겪을 것이고, 이러한 변화는 국제 사회에도 큰 영향을 미칠 것입니다.

답

1문단: **홍콩** 2문단: **일국양제**
3문단: **대만** 4문단: **차이점**

나라에 주권이 없다는 건 무슨 뜻일까?

1910년, 우리나라는 일본에게 나라를 빼앗기고 주권을 잃게 되었다. 일본은 강제로 한일 합병 조약을 맺고, 우리나라를 억지로 지배하였다. 한국인들은 강하게 반대했지만 일본은 군사력으로 강행하였고 이로 인해 많은 한국인은 불안과 두려움 속에서 살게 되었다. 이로써 한국 정부는 사실상 무력해졌다.

　일제강점기 동안 일본은 우리의 말과 문화를 없애려 했다. 학교에서 일본어만 쓰게 하였고, 전통 명절이나 문화 행사는 금지되었다. 특히 한국 이름을 일본식 이름으로 바꾸도록 강요하기도 했다.

　일본은 경제적으로도 한국을 착취하였다. 쌀, 석탄, 목재, 철 같은 자원을 빼앗았고 이로 인해 한국 경제는 크게 위축되었다. 또한 일본은 한국인들을 데려가 강제로 노동을 시키는 등 인권을 유린하였다. 특히 '위안부' 문제는 많은 한국 여성들에게 큰 고통을 안겼으며 현재까지도 해결되지 않고 있다.

　이러한 어려움 속에서도 한국인들은 끝까지 포기하지 않고 독립을 위해 싸웠다. 1919년에 3·1운동이 일어났고 1945년에 제2차 세계 대전이 끝나면서 우리는 다시 나라를 되찾게 되었다. 여러 어려움 속에서도 희망을 잃지 않고 싸운 많은 사람의 희생과 노력이 있었기에 가능한 일이었다.

차근차근 이해하기

👉 **알쓸어록**(알아 두면 쓸모 있는 어휘 기록)

> **강행**: 어려운 점을 무릅쓰고 행함
> **착취**: 계급 사회에서 생산 수단을 소유한 사람이 생산 수단을 갖지 않은 직접 생산자로부터 그 노동의 성과를 무상으로 취득함
> **유린**: 남의 권리나 인격을 짓밟음

똑똑하게 분석하기

👉 문단별로 요약한 내용을 확인하고, (   )안에 들어갈 단어를 써 보세요.

1문단: (   ) 상실의 의미

2문단: (   ) 때의 문화 억압

3문단: 일본의 (   ) 착취와 인권 유린

4문단: 사람들의 희생과 노력으로 찾은 (   )

자유롭게 생각해 봅시다

👉 일본이 우리나라를 지배하면서 일본어 강제 교육, 창씨개명 등을 통해 한국의 전통문화와 언어를 없애려고 한 이유는 무엇일까요? 이로 인해 한국 사람들은 어떤 영향을 받았을지 생각해 보세요.

확장해서 읽어 봅시다

일제 강점기 때, 일본은 한국 사람들에게 일본식 이름으로 바꾸라고 강요했습니다. 이것을 '창씨개명'이라고 합니다. 처음에는 이름을 바꾸지 않아도 되었지만, 전쟁이 시작되자 일본은 징병과 징용이 필요해졌고 '영광스러운 일본인이 되어 조국에 충성하라'면서 창씨개명을 강요하였습니다.

1940년 2월 11일, 일본은 창씨개명을 공식적으로 발표했고 많은 한국인이 반대하자 일본은 경찰과 공무원들을 동원해 억지로 이름을 바꾸게 했습니다. 이름을 바꾼 사람이 처음에는 7% 정도였지만, 결국에는 80% 가까운 한국인이 이름을 바꾸게 되었습니다. 자신의 이름을 지키고 싶어 창씨개명을 거부하다가 잡혀가거나 스스로 목숨을 끊은 사람도 있었습니다.

한국의 대표적인 시인인 윤동주는 창씨개명을 거부했지만, 일본 유학을 위해 어쩔 수 없이 '히라누마 도주'라는 이름으로 개명하게 됩니다. 개명하기 한 달 전에 쓴 '별 헤는 밤'에서는 '이름'이라는 단어가 많이 등장하는데, 이는 개명의 부끄러움이 그대로 드러나는 대목입니다. '참회록'에는 이름을 빼앗긴 슬픔과 부끄러움이 담겨 있습니다. 하지만 그는 늘 자신의 정체성을 지키려 노력했습니다.

이처럼 창씨개명은 한국 사람들에게 큰 아픔을 남긴 역사입니다. 우리는 그때의 슬픈 일을 기억하고, 우리의 이름과 정체성을 소중히 여겨야 합니다.

1문단: **주권** 2문단: **일제 강점기**
3문단: **경제적** 4문단: **독립**

세 개로 나뉘어 균형을 유지하자, 삼권분립

우리 사회는 법과 규칙을 지키며 살아가는 민주주의 사회이다. 하지만 한 사람이 모든 결정을 혼자 한다면 '독재'가 될 수 있다. 독재는 한 사람이 나라를 마음대로 다스리는 것을 의미하는데 이렇게 되면 많은 사람이 불공평하게 대우받을 수 있다. 그래서 우리나라는 권력을 셋으로 나눈 '삼권분립'의 원칙으로 나라를 운영한다.

첫째, 입법부는 국회로 법을 만들고, 대통령과 정부가 잘하고 있는지 감시한다. 또한 국회는 국민의 다양한 목소리를 대변하여 법을 제정하고 수정한다.

둘째, 행정부는 정부로, 대통령과 국무총리, 장관 등으로 구성된 조직이다. 이들은 나라의 살림을 운영하고, 법을 실제로 실행하는 일을 한다. 또한 입법부와 사법부를 견제할 수 있는 권한도 있다.

셋째, 사법부는 법원으로 대법원과 고등법원 등 법원 조직을 포함한다. 법에 따라 갈등을 해결하고 공정한 판결을 내리는 일을 한다.

세 기관이 서로 감시하고 견제하면 한쪽으로 권력이 몰리지 않게 된다. 따라서 삼권분립은 민주주의를 지키고 국민의 권리를 보호하는 중요한 역할을 한다. 각 권력이 서로를 감시하고 견제함으로써 공정하고 투명한 정치가 이루어질 수 있고, 이를 통해 국민이 주체가 되는 민주 사회를 만들어 나갈 수 있다.

차근차근 이해하기

👉 **알쓸어록**(알아 두면 쓸모 있는 어휘 기록)

> **제정**: 제도나 법률 따위를 만들어서 정함
> **견제**: 상대편이 지나치게 세력을 펴거나 자유롭게 행동하지 못하게 억누름
> **주체**: 사물의 작용이나 어떤 행동의 주가 되는 것

똑똑하게 분석하기

👉 문단별로 요약한 내용을 확인하고, (   )안에 들어갈 단어를 써 보세요.

1문단: (   )의 의미
2문단: (   )의 역할과 기능
3문단: (   )의 구성과 기능
4문단: (   )의 책임과 중요성
5문단: 삼권분립의 (   )

자유롭게 생각해 봅시다

👉 입법부, 행정부, 사법부 중에서 가장 중요하다고 생각하는 기관은 무엇인가요? 각각의 역할을 이야기해 보고 어떤 기관이 더 많은 권한을 가져야 하는지 자신의 생각을 표현해 보세요.

확장해서 읽어 봅시다

우리나라는 민주주의를 바탕으로 운영되는 나라입니다. 민주주의가 잘 되려면 권력이 한 사람에게 모이지 않도록 해야 합니다. 그래서 우리나라는 '삼권분립'이라는 제도를 사용하고 있습니다. 삼권분립이란 정부의 권력을 셋으로 나누는 것입니다. 이 세 가지는 입법부(국회), 행정부(정부), 사법부(법원)입니다.

탄핵은 삼권분립이 실제로 어떻게 작동하는지를 보여주는 좋은 예입니다. 탄핵은 정부의 고위 공직자가 법을 어기거나 헌법을 위반했을 때 입법부인 국회가 그 사람을 물러나게 하기 위한 제도입니다. 먼저 국회(입법부)가 그 고위 공직자의 잘못을 조사하고, 해임하자는 '탄핵소추안'을 만듭니다. 행정부인 대통령이나 해당 공직자는 탄핵위원회에 의해 조사를 받습니다. 탄핵소추안이 통과되면 그 사건은 헌법재판소로 넘어가며 사법부인 헌법재판소는 공직자가 정말 헌법을 어긴 것인지 확인하고 이에 따라 탄핵 여부를 판단합니다. 결과에 따라 공직자는 그 자리에서 물러날 수도 있습니다.

이처럼 삼권분립은 우리나라의 민주주의를 지키는 중요한 원칙이며, 삼권분립을 통해 우리 사회는 더 공정하고 민주적인 방향으로 나아갈 수 있습니다.

답

1문단: **삼권분립** 2문단: **입법부**
3문단: **행정부** 4문단: **사법부**
5문단: **필요성**

독도를 노리는 일본과
쿠릴 열도를 노리는 러시아

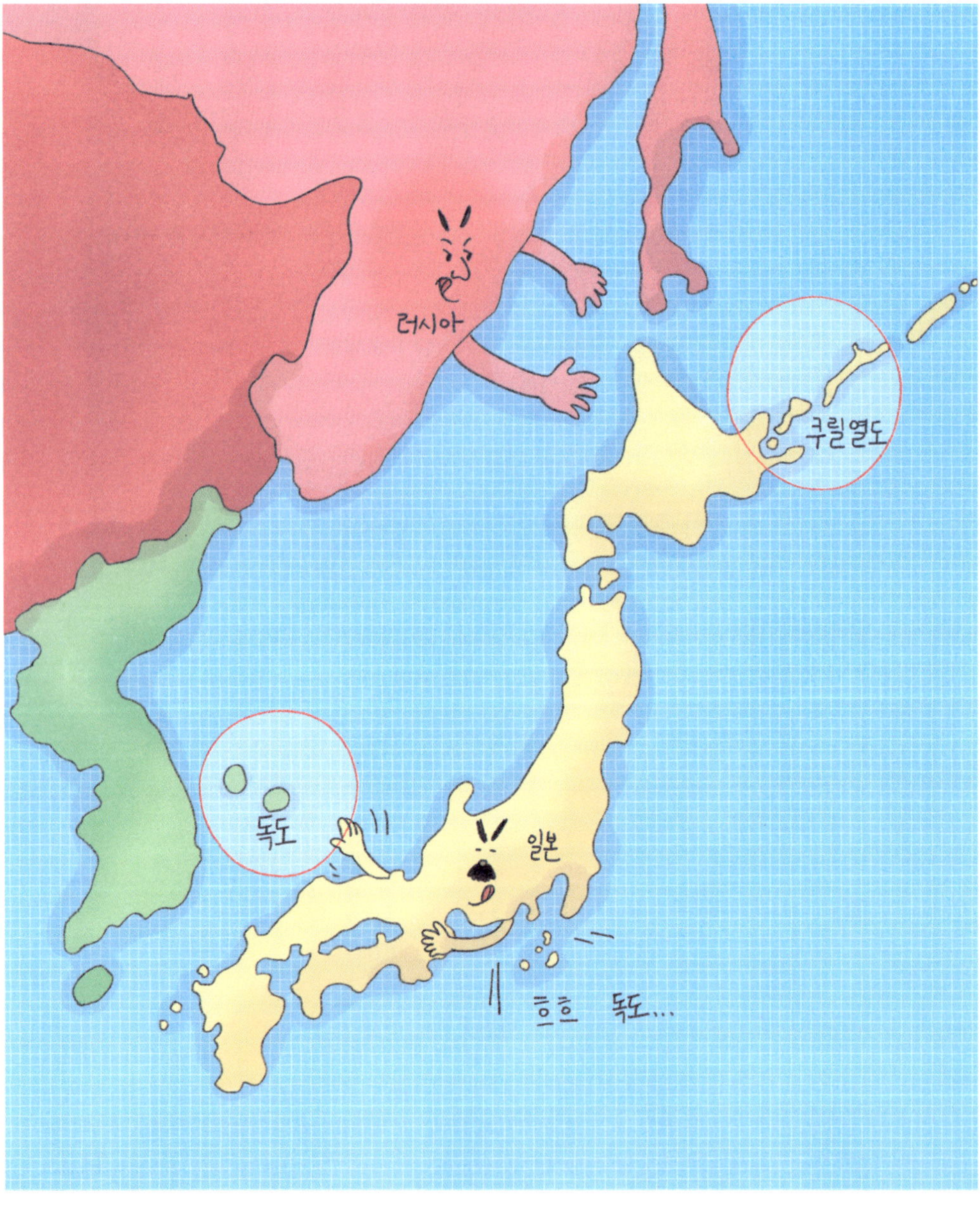

우리나라에는 울릉도에서 동쪽으로 약 87km 떨어진 '독도'라는 아름다운 섬이 있다. 독도에는 다양한 바다 생물이 살고 있고, 경치도 아름다워 많은 사람이 찾는 곳이다. 하지만 일본은 독도를 '다케시마'라고 부르며 자기 나라의 영토라고 주장하고 있다.

독도와 관련한 한·일 간의 의견의 충돌은 여러 가지가 있다. 첫째, 고문헌에 대한 충돌이다. 〈세종실록 지리지〉나 〈신증동국여지승람〉에서 독도가 우리 땅으로 표시되어 있지만, 일본의 고문헌 혹은 고지도에는 그 어디에도 표시되어 있지 않다. 둘째, 1905년에 독도가 시마네현에 편입되었다고 주장하지만, 1900년 고종 황제는 독도를 울릉도의 부속 섬으로 정하는 법령을 발표하였다. 셋째, 샌프란시스코 강화 조약에는 일본이 강제로 빼앗은 울릉도를 포함한 우리 땅을 돌려준다고 되어 있는데, 이미 그 전에 독도가 울릉도에 포함된 땅이라고 발표되었다.

한편 일본은 러시아와도 쿠릴 열도를 두고 다투고 있다. 쿠릴 열도는 태평양 북쪽에 있는 56개의 섬과 바위섬으로 이루어져 있는데 일본은 과거 러시아와 조약을 맺어 쿠릴 열도 4개 섬을 얻었다. 하지만 제2차 세계 대전 이후 러시아가 쿠릴 열도 전역을 차지하였고, 여전히 갈등을 이어 가고 있다.

차근차근 이해하기

👉 **알쓸어록**(알아 두면 쓸모 있는 어휘 기록)

편입: 이미 짜여 있는 대열에 끼어 들어감
전역: 어느 지역의 전체

똑똑하게 분석하기

👉 문단별로 요약한 내용을 확인하고, (　　)안에 들어갈 단어를 써 보세요.

1문단: (　　　)에 대한 일본의 주장
2문단: 독도와 관련된 (　　　)
3문단: 일본과 러시아의 (　　　) 갈등

자유롭게 생각해 봅시다

👉 일본이 교과서에 독도를 일본의 고유 영토라고 쓰는 것과 같은 역사 왜곡을 막기 위해 우리는 어떤 노력을 해야 할까요?

확장해서 읽어 봅시다

센카쿠 열도는 일본, 중국, 대만 세 나라가 자기 땅이라고 주장하며 분쟁이 일어나고 있는 동중국해에 있는 아주 작은 무인도와 바위섬들입니다. 일본은 이 섬들을 '센카쿠', 중국은 '댜오위다오'라고 부릅니다. 일본은 1895년에 아무도 주인이 없는 땅이라며 센카쿠 열도를 자국 땅으로 편입했습니다. 현재 센카쿠 열도는 일본의 구마모토현에 속해 있지만 다른 나라와의 갈등으로 문제가 되고 있습니다.

지금은 일본이 이 섬들이 자신의 고유 영토라고 주장하며 실질적으로 관리하고 있지만, 중국과 대만은 "원래 우리 땅이었다."라며 돌려달라고 요구하고 있습니다.

이 섬 주변 바다에는 천연가스와 석유 같은 자원이 많다고 알려져, 각 나라가 더 강하게 주장하고 있습니다. 2010년에는 중국 어선이 센카쿠 근처에서 불법으로 고기잡이를 하다가 일본 해경에 붙잡히면서 두 나라 사이에 갈등이 심해지기도 했습니다.

센카쿠 열도 문제는 단순한 영토의 문제가 아니라, 각 나라 사이의 이해관계가 얽힌 복잡한 문제입니다. 문제를 해결하는 과정에서 세 나라가 평화롭게 해결하려는 노력이 무엇보다 중요합니다.

1문단: **독도** 2문단: **쟁점들**
3문단: **쿠릴 열도**

5장

교육

1 AI 교과서의 장점이 클까 단점이 클까?

현대 사회의 교육에서는 다양한 방법으로 지식을 배우고 있는데 가장 큰 변화가 바로 AI 교과서이다. 왜 이런 변화가 일어나고 있는 것일까? AI 교과서에는 어떤 장단점이 있을까?

AI 교과서는 학생이 질문을 하면 바로 피드백을 제시한다. 또한 학생의 수준과 속도에 맞게 학습 자료를 제공하기 때문에 자신에게 맞는 방식으로 공부할 수 있다. 하지만 전자 기기에 의존하기에 기기가 고장 나거나 인터넷 연결이 불안정하면 문제가 생길 수 있다. 무엇보다 AI 교과서로 인해 상호 작용, 즉 학생과 선생님과의 대화가 줄어들게 될 수 있다.

반면 종이 교과서는 물리적으로 존재하기 때문에 손으로 직접 쓰고 밑줄을 긋는 등 직접적인 학습이 가능하다. 전기나 인터넷 없이도 언제 어디서나 사용할 수 있고, 눈의 피로를 덜 유발하며 대면 소통으로 정서적인 안정도 얻을 수 있다. 하지만 무겁고 새 정보를 빠르게 반영하기 어렵다는 단점이 있다. 그리고 모든 학생이 같은 내용을 공부하기 때문에 개인 맞춤 학습은 어렵다.

AI 교과서와 종이 교과서는 각각의 장단점이 있기 때문에, 기본적인 내용은 종이 교과서로 배우고 심화 학습이나 개인 맞춤형 학습은 AI 교과서로 진행하면 더욱 효과적인 학습이 가능할 것이다.

차근차근 이해하기

👉 알쓸어록(알아 두면 쓸모 있는 어휘 기록)

피드백: 학습자의 학습 행동에 대하여 교사가 적절한 반응을 보이는 일
의존: 다른 것에 의지하여 존재함
상호 작용: 사람이 주어진 환경에서 다른 사람과 서로 관계를 맺는 모든 과정

똑똑하게 분석하기

👉 문단별로 요약한 내용을 확인하고, (   )안에 들어갈 단어를 써 보세요.

1문단: (   )의 도입
2문단: (   )의 장점과 단점
3문단: (   )의 장점과 단점
4문단: 효과적인 혼합형 (   ) 방법

자유롭게 생각해 봅시다

👉 여러분이 선생님이라면 AI 교과서와 종이 교과서 두 방법 가운데 학생들에게 어떤 방식으로 수업을 진행하고 싶나요? 그 이유는 무엇인가요?

확장해서 읽어 봅시다

　현대 사회에서는 각국의 교육 시스템에 따라 교과서를 다양한 방식으로 활용하고 있습니다.

　미국에서는 디지털 교과서를 많이 사용합니다. 학생들은 태블릿이나 노트북을 통해 쉽게 학습 자료에 접근할 수 있습니다. 일본은 여전히 종이 교과서를 주요 학습 도구로 사용합니다. 모든 학교가 정부에서 정한 교과서를 쓰고 필기를 하며 공부합니다.

　스웨덴은 종이책 수업과 손 글씨 필기 교육을 다시 시작하고 있습니다. 캐나다 또한 3학년부터 필기체 쓰기 수업을 필수로 하고 있고 프랑스, 핀란드, 이탈리아 같은 나라는 학교에서 휴대전화나 태블릿을 금지하는 정책을 추진 중입니다. 이들은 집중력과 문해력에 부정적인 영향을 미칠 수 있다고 주장합니다.

　반면 폴란드와 싱가포르는 초등학생에게 노트북을 지급하는 프로그램을 시작하고 있습니다. 두 나라는 국제교육성취도평가협회(IEA)에서 각각 EU '국가 1위'와 '글로벌 1위'를 차지했습니다.

　각국의 교과서 활용 방식은 교육 철학과 문화에 따라 달라지기 때문에 무엇이 옳거나 그르다고 할 수 없습니다. 중요한 것은 디지털 기술과 전통적인 학습 방법을 효율적으로 활용하는 것입니다.

1문단: **AI 교과서**　　　　2문단: **AI 교과서**
3문단: **종이 교과서**　　　4문단: **학습**

숙제 대신해 주는 AI, 도움보다는 독이다

많은 학생이 AI를 활용하여 숙제를 하거나 책 내용을 요약하면서 AI가 정말 똑똑하다는 것을 느끼고 있다고 말한다. 하지만 AI에 너무 많이 의존하게 되면 여러 가지 문제점이 생길 수 있다.

첫째, 스스로 생각하는 힘이 약해질 수 있다. 공부는 정답만 아는 것이 아니라, 고민하고 생각하는 과정도 중요하다. AI가 대신 문제를 해결해 주면 스스로 생각할 기회가 줄어든다. 둘째, AI의 답이 항상 맞는 것은 아니다. AI는 인터넷의 여러 자료를 바탕으로 대답하는데, 그 안에는 틀린 정보도 있다. 그래서 AI의 말을 무조건 믿기보다 내가 다시 확인하고 판단해야 한다. 셋째, 자기 생각을 표현하는 힘이 줄어들 수 있다. 책을 읽을 때 중요한 것은 내용을 요약하는 것이 아니라, 그 안에서 나만의 생각과 느낌을 갖는 것이다. AI가 대신 읽고 요약해 주면 내 생각을 말하는 힘이 점점 약해지게 되고 창의력과 공감 능력을 기르는 기회를 잃게 된다.

물론 AI가 궁금한 것을 쉽고 빠르게 배울 수 있게 하고, 재미있게 배우면서 호기심을 키우는 등 학습에 도움이 될 수는 있지만, 스스로 고민하고 배우는 경험은 정말 소중하다. 그래서 AI를 도구로써 적절히 사용하고 나만의 생각과 경험을 소중히 여기는 자세가 필요하다.

차근차근 이해하기

👉 알쓸어록(알아 두면 쓸모 있는 어휘 기록)

요약: 말이나 글의 요점을 잡아서 간추림
의존: 다른 것에 의지하여 존재함

똑똑하게 분석하기

👉 문단별로 요약한 내용을 확인하고, (　)안에 들어갈 단어를 써 보세요.

1문단: (　　)가 도입된 현재
2문단: AI에 (　　)하면 생기는 문제점
3문단: AI 적절한 사용의 (　　)

자유롭게 생각해 봅시다

👉 AI와 대화해 본 적이 있나요? 그 경험에서 어떤 점이 가장 좋았나요? AI를 사용할 때 느낀 불편한 점은 무엇인가요? 자신의 경험을 이야기해 보세요.

확장해서 읽어 봅시다

　요즘 많은 사람이 AI를 사용하고 있습니다. AI는 똑똑한 도구이지만 사용할 때 주의해야 할 점도 많습니다. 그래서 우리는 AI를 효과적으로 활용하는 방법에 대해 알아야 합니다.

　첫째, 궁금한 것을 AI에게 질문해 보는 것이 좋습니다. 예를 들어 역사적인 사건이나 과학 같은 주제에 대해 물어보고, AI의 대답을 스스로 정리하면 공부에 도움이 됩니다. 둘째, AI의 답이 맞는지 확인해 보는 것이 필요합니다. AI도 틀릴 수 있습니다. 그렇기 때문에 AI가 제공하는 정보를 무조건 믿지 말고 책이나 다른 자료와 비교해 보는 습관이 중요합니다. 이렇게 하면 비판적으로 생각하는 힘이 길러집니다. 셋째, AI와 대화하며 자신의 생각을 표현해 보는 것도 좋습니다. 같은 주제라도 여러 가지 의견이 있을 수 있기 때문에 토론처럼 이야기해 보면 새로운 아이디어가 떠오를 수 있습니다.

　AI는 현대 사회에서 많은 것을 대신해 주며 도움을 주고 있지만 스스로 생각하고 배우는 노력을 함께 하는 것이 더 중요하다는 것을 잊지 마시기 바랍니다.

1문단: AI　　　　　　　　　　2문단: 의존
3문단: 필요성

3 입학생 0명, 폐교되는 학교와 저출생 문제

요즘 한국에서는 저출생 문제로 인해 국가 소멸론까지 등장하고 있다. 이러한 인구 감소는 여러 가지 문제를 일으키고 있는데, 그중 하나는 많은 학교가 폐교를 하고 있다는 점이다.

그렇다면 앞으로 대학에 가기가 더 힘들어질까? 꼭 그렇지만은 않다. 학생의 수가 줄어들면서 경쟁은 완화될 수 있다. 그러나 다른 문제로 대학의 수가 줄어들 것이고 가장 먼저 지방 사립 대학이 사라질 것으로 예상된다. 이러한 현상은 지역 경제와 상권에도 영향을 미쳐 상업 시설과 일자리가 줄어드는 등 다양한 문제점을 확산시킨다.

그렇다면 저출생 문제의 원인은 무엇일까? 자녀를 키우는 데 드는 비용이 많아지면서 출산을 꺼리게 되고, 가치관이 변화하면서 개인의 삶을 더 중요하게 여기는 경향이 커졌다. 또한 청년층의 일자리가 불안정해지면서 결혼과 출산을 미루는 경우가 많아지고 있다.

이런 문제를 해결하기 위해 정부에서는 다양한 노력을 하고 있다. 출산하는 가정에 지원금을 주어 출산을 장려하고 보육 시설을 더 많이 만들어 자녀를 키우는 데 어려움이 없도록 하고 있다. 또한 부모가 아이를 잘 돌볼 수 있도록 육아 휴직 제도도 개선하고 있다. 이런 노력이 모이면 저출생 문제가 조금씩 나아질 수 있을 것이다.

차근차근 이해하기

☞ 알쓸어록(알아 두면 쓸모 있는 어휘 기록)

소멸: 사라져 없어짐
폐교: 학교의 운영을 폐지함
꺼리게: 사물이나 일 따위가 자신에게 해가 될까 하여 피하거나 싫어하게
개선: 잘못된 것이나 부족한 것, 나쁜 것을 고쳐 더 좋게 만듦

똑똑하게 분석하기

☞ 문단별로 요약한 내용을 확인하고, (   )안에 들어갈 단어를 써 보세요.

1문단: 현재의 (   ) 문제
2문단: 저출생으로 인한 (   )와 그 문제점
3문단: 저출생 문제의 (   )
4문단: 저출생 문제를 해결하기 위한 정부의 (   )

자유롭게 생각해 봅시다

☞ 출생률 감소 문제를 해결하기 위해 지자체에서 지원금을 약속하고 있어요. 이것이 저출생 문제를 해결할 수 있을 것이라고 생각하나요? 출산 지원금에 대한 자신의 생각을 써 보세요.

확장해서 읽어 봅시다

최근 한국에서는 아기가 태어나는 수가 줄어드는 저출생 문제가 점점 심각해지고 있는데 이런 상황은 한국의 미래에까지 큰 영향을 미칠 수 있습니다. 한국 정부는 저출생 문제를 해결하려고 지난해 48조 원을 투자했지만 아직 큰 효과는 없습니다. 전문가들은 일과 가정을 잘 병행할 수 있도록 도와주는 정책이 필요하다고 말합니다.

해외에서는 저출생 문제를 해결하기 위해 여러 가지 좋은 정책을 시행하고 있습니다. 예를 들어 독일은 학생들이 오후 4시까지 학교에 머물 수 있도록 전일제 학교를 운영합니다. 또한 어린 자녀가 있는 부모는 긴 휴직을 하고도 일정한 돈을 받을 수 있도록 보장합니다. 프랑스는 국가에서 아기를 키우는 데 드는 많은 비용을 지출하고 다양한 가족 수당을 제공하여 출산율을 높이고 있습니다. 스웨덴은 부모가 육아 휴직을 480일 사용할 수 있는 제도를 시행하며 아빠도 육아에 적극 참여하도록 돕고 있습니다.

이처럼 해외의 저출생 정책은 가족과 아이를 위한 정책으로 출생률을 높이고 있습니다. 우리나라도 이런 방법들을 참고해 아이들이 건강하게 태어나고 잘 자랄 수 있는 환경을 만들어야 합니다.

1문단: **저출생** 2문단: **폐교**
3문단: **원인** 4문단: **노력**

4 학교도 다니고 대회도 나가고, 체육특기생의 하루

한국의 엘리트 체육은 재능이 있는 선수들에게 집중적으로 투자하여 국제 대회에서 메달을 획득할 가능성을 높이는 시스템으로 체계적인 훈련을 통해 빠르게 성장할 수 있는 환경을 만들어 준다.

하지만 운동선수들은 전지훈련이나 시합 참가로 학업을 소홀히 하는 경우가 많다. 특히 학생 선수들은 학업에 할애하는 시간이 부족해 성적이 떨어질 위험이 큰데 부상을 당하거나 운동을 중단해야 하면 사회에 적응하기 어려울 수 있다. 이러한 문제를 해결하기 위해 학생 선수 최저 학력제가 도입되었다. 이 제도는 운동과 학문을 동시에 성취할 수 있도록 유도하려는 제도이다.

최저 학력제는 평균 C학점 이상의 성적을 요구하는데, 결석이 많은 선수의 경우에는 온라인 수업이나 자율 학습 프로그램도 있다. 이 제도 덕분에 학생 선수들은 운동도 하고 공부도 할 수 있는 환경에서 성장할 수 있다.

하지만 많은 체육인은 최저 학력제가 학생 선수들에게 공부 부담과 심리적 압박뿐 아니라 선수의 기량에 영향을 줄까 봐 우려하고 있다. 그러나 운동과 학업을 병행할 수 있는 맞춤형 시스템과 환경이 조성된다면 학생 선수들도 건강하고 행복하게 성장하며 더 나은 미래를 준비할 수 있을 것이다.

차근차근 이해하기

 알쓸어록(알아 두면 쓸모 있는 어휘 기록)

도입: 기술, 방법, 물자 따위를 끌어 들임
기량: 사람의 재능과 도량을 아울러 이르는 말
조성: 무엇을 만들어서 이룸

똑똑하게 분석하기

 문단별로 요약한 내용을 확인하고, (   )안에 들어갈 단어를 써 보세요.

1문단: (   )의 목표
2문단: (   ) 도입과 목적
3문단: 최저 학력제의 (   )
4문단: 최저 학력제에 대한 (   )

자유롭게 생각해 봅시다

최저 학력제가 학생 선수들에게 학업 부담을 줄 수 있다는 의견이 있어요. 여러분은 이 제도가 학생 선수들에게 부담이 된다고 생각하는지 아니면 도움이 된다고 생각하는지 자신의 의견을 말해 보세요.

확장해서 읽어 봅시다

　최저 학력제는 학생 선수에게 최소한의 학업 성취를 요구하는 제도로, 2024년부터 본격적으로 시행되고 있습니다. 그러나 많은 학생 선수의 꿈을 방해하고 있다는 비판이 많습니다.

　예를 들어 한 중학생 역도 선수 A군은 2023년에 전국 대회에서 금메달을 따고도 학업 성적이 기준에 미치지 않아 2024년에 경기에 출전하지 못했습니다. 또한 신유빈 선수는 2020년에 고교 진학을 포기하고 실업팀에 입단했습니다. 이는 최저 학력제 때문에 운동에 전념하기 어려워 내린 선택이었습니다. 이런 문제 때문에 최근 교육부는 최저 학력제를 잠시 유예하기로 했습니다. 현재는 기초 학력 보장 프로그램을 이수하면 초·중학생 선수들도 대회에 참가할 수 있게 되었습니다.

　해외에서도 유사한 제도가 운영되고 있습니다. 미국 NCAA(전미 대한 체육 협회)에서는 학생 선수가 고등학교에서 정한 학업 기준을 충족해야 대학에서 경기에 출전할 수 있으며, 일본은 학생 선수들이 학업과 운동을 병행할 수 있도록 학교와 지역 사회가 협력하는 프로그램을 운영하고 있습니다. 유럽 연합은 '듀얼 커리어' 정책을 통해 학생 선수들이 은퇴 후에도 사회에 적응할 수 있도록 학업을 병행하는 것을 권장하고 있습니다.

답

1문단: **엘리트 체육**　　　　2문단: **최저 학력제**
3문단: **장점**　　　　　　　4문단: **우려**

5 손 글씨가 학습에 효과적이라고?

최근 연구에 따르면 손으로 글씨를 쓰는 것이 키보드를 사용하는 것보다 학습에 더 좋다고 한다. 미국 캘리포니아의 초등학교에서는 모든 학생이 손 글씨 수업을 꼭 들어야 하며 3학년부터는 필기체도 연습해야 한다.

노르웨이 연구에서는 한 실험에서 손 글씨를 쓰는 대학생과 키보드로 타자를 치는 대학생의 뇌를 살펴보았는데, 손 글씨를 쓸 때 뇌가 더 활성화되었고 뇌 영역 사이에 연결되는 부분이 많았다고 한다. 즉 종이와 필기구를 사용해 손으로 쓰는 활동이 뇌를 자극해 학습에 도움이 되는 것이다.

손 글씨는 집중력과 기억력을 높이는 데도 도움이 된다. 연구에 따르면 손 글씨를 쓰는 학생들은 공부에 더 집중하고 아이디어도 잘 떠올린다고 한다. 또 손을 자주 움직이면 기억력도 좋아지고 학습 장애가 생길 가능성도 줄어든다고 한다. 이뿐만 아니라 손 글씨를 쓰면 생각이 더 깊어지고 창의력과 비판적인 사고력도 키울 수 있다고 한다.

이처럼 손 글씨는 뇌를 발달시키고 학습에 도움이 되는 가장 좋은 방법이라고 할 수 있다. 손 글씨를 꾸준히 쓰면 더 잘 배우고 더 오래 기억할 수 있다는 것을 기억하자.

차근차근 이해하기

👉 **알쓸어록**(알아 두면 쓸모 있는 어휘 기록)

활성화: 생체나 생체 물질이 그 기능을 발휘함
자극: 생체에 작용하여 반응을 일으키게 하는 일

똑똑하게 분석하기

👉 문단별로 요약한 내용을 확인하고, ( )안에 들어갈 단어를 써 보세요.

1문단: (   )의 손 글씨 학습 사례
2문단: 손 글씨에 의한 (   )의 활성화
3문단: 손 글씨가 학습에 주는 (   )
4문단: (   )를 꾸준히 써야 하는 이유

자유롭게 생각해 봅시다

👉 디지털 기기가 발전하면서 손 글씨의 중요성이 줄어들고 있다고 느끼나요? 아니면 여러분은 손 글씨가 중요하기 때문에 계속 써야 한다고 생각하나요? 자신의 생각을 표현해 보세요.

확장해서 읽어 봅시다

최근 사람들 사이에서 책이나 글을 읽는 것에 대한 관심이 높아진 '텍스트힙'에 이어 '라이팅힙'이라는 용어가 등장하고 있습니다. '라이팅힙(Writing Hip)'은 쓰는 것을 찾는 문화 현상을 뜻합니다.

특히 10대 후반부터 20대 초반의 젊은 사람들, 즉 Z세대는 손으로 글을 쓰거나 책을 따라 쓰는 활동을 자주 합니다. 이렇게 글을 쓰면서 자신을 표현하는 시간 동안 마음이 편안해진다고 느끼는 사람들도 많습니다.

이런 유행이 생긴 이유는 몇 가지로 나눌 수 있습니다. 첫째, 컴퓨터와 스마트폰을 많이 쓰다 보니 손으로 글을 쓰는 아날로그 감성이 그리워졌기 때문입니다. 둘째, 글을 쓰면 뇌가 편안해지고 스트레스가 줄어든다고 느끼는 사람이 많습니다. 감정이나 생각을 종이에 표현하면서 스트레스를 해소하고 명상 같은 효과를 느끼기 때문입니다. 이런 심리적 요인이 필사를 통해 자신을 표현하고 소셜 미디어에서 인증하는 문화로 이어졌습니다. 셋째, 사람들이 자기만의 생각을 글로 표현하는 것을 중요하게 여기게 되었기 때문입니다.

이처럼 필사는 개인의 창의성과 개성을 드러낼 수 있는 좋은 기회가 되고 있습니다.

1문단: **캘리포니아**　　2문단: **뇌**
3문단: **장점**　　4문단: **손 글씨**

6 저출생이 사교육이랑 무슨 상관? 중국의 사교육 금지령

중국에서는 2021년부터 '솽젠(双减)' 정책을 실시하고 있다. '솽젠'은 두 가지를 줄이겠다는 뜻이다. 바로 학생들의 숙제 부담과 사교육 부담이다. 중국 정부는 아이를 키우는 데 사교육비가 너무 많이 들어 사람들이 아이를 낳지 않으려 한다고 생각했다. 그래서 사교육을 줄이고 공교육을 강화하는 정책을 시작했다.

정부는 초등학생과 중학생이 학원에서 시험 과목을 배우는 것을 금지했다. 주말이나 방학, 공휴일에도 보충 수업을 할 수 없게 했고 온라인 수업은 30분 이하로 제한하고, 수업 사이에 10분 이상 쉬도록 했다. 또 사교육 업체는 비영리 기관으로 바뀌어야 했고, 학교에서는 시험 점수를 공개하거나 순위를 매기는 것이 금지되었다. 우등반도 없애고, 방과 후에는 새로운 내용을 가르칠 수 없게 되었다. 카페, 집 같은 장소에서 하는 수업도 모두 불법이다.

정부는 솽젠 정책으로 사교육비를 줄이고, 학생들에게 더 여유로운 시간을 주며 모두가 공평하게 공부할 수 있는 환경을 만들겠다고 밝혔다. 하지만 비밀 과외나 고급 과외가 생기면서 교육의 양극화를 부채질했다는 지적도 있다. 좋은 뜻으로 시작된 정책이지만, 앞으로 어떤 결과가 나올지는 아직 알 수 없다.

차근차근 이해하기

👉 **알쓸어록**(알아 두면 쓸모 있는 어휘 기록)

제한: 일정한 한도를 정하거나 그 한도를 넘지 못하게 막음
비영리: 재산상의 이익을 꾀하지 않음
양극화: 서로 점점 더 달라지고 멀어짐

똑똑하게 분석하기

👉 문단별로 요약한 내용을 확인하고, (   )안에 들어갈 단어를 써 보세요.

1문단: (   ) 정책이 시작된 이유
2문단: 쌍젠 정책의 구체적인 내용: 사교육 (   ), 공교육 강화
3문단: 쌍젠 정책의 목적과 (   )

자유롭게 생각해 봅시다

👉 쌍젠 정책은 여러 가지 문제점들도 양산하고 있어요. 여러분이 대통령이라면 쌍젠 정책을 계속 고수할 것인가요? 쌍젠 정책이 저출생 문제 해결에 도움이 될 수 있을 것이라고 생각하나요?

확장해서 읽어 봅시다

중국에는 '가오카오'라는 시험이 있습니다. 이 시험은 우리나라의 수능처럼 대학에 가기 위한 아주 중요한 시험입니다. 베이징대나 칭화대 같은 최고 대학에 가려면 가오카오를 정말 잘 봐야 하기 때문에 학생들은 매우 열심히 공부합니다.

중국은 예전부터 한 자녀 정책을 시행해 왔습니다. 1970년대에 인구가 너무 빨리 늘어나 먹을 것과 일자리가 부족해질까 걱정되었기 때문입니다. 그래서 가정마다 아이를 한 명만 낳도록 했습니다. 아이 한 명에게 모든 정성과 돈이 쏟아지면서 학원과 과외도 많아지고 공부 경쟁이 심해졌습니다. 그래서 정부는 '솽젠(双减)'이라는 정책을 만들어 사교육을 줄이고, 학교 공부만으로도 충분히 교육을 받을 수 있도록 하고 있습니다.

하지만 중국은 땅이 넓고 사람이 많아, 도시와 시골 사이의 교육 차이가 큽니다. 도시에는 좋은 학교가 많지만 시골에는 그렇지 못한 곳도 많아 공부할 기회가 적은 학생들도 있습니다.

중국에서는 공부를 잘하면 가난을 벗어나 성공할 수 있다고 생각합니다. 그렇기 때문에 가오카오는 단순한 시험이 아니라, 미래를 바꾸는 기회라고 여겨집니다.

1문단: **솽젠** 2문단: **규제**
3문단: **부작용**

7 범죄를 저질러도 처벌을 받지 않는다고?

사람들은 가끔 "촉법소년은 범죄를 저질러도 처벌받지 않는다."라고 말하지만 이 말에는 오해가 있다. 촉법소년은 법적으로 처벌할 수 없는 나이에 해당하는 소년들로, 한국에서는 10세 이상 14세 미만의 소년을 말한다. 이 나이의 아이들은 법적으로 아직 미성숙하다고 생각되어 형사 처벌을 받지는 않지만, **보호 처분**을 통해 교화와 재범 방지를 위한 조치를 받는다. 예를 들어 어떤 촉법소년이 친구를 다치게 하거나 물건을 훔쳤다면, 감옥에 가는 대신 보호 관찰, 교육 프로그램, 상담, 사회봉사 같은 처분을 받게 된다. 이런 방법은 다시는 같은 잘못을 하지 않도록 돕기 위한 것이다.

최근에는 촉법소년의 수가 많아지면서 촉법소년의 나이를 낮추자는 의견도 생기고 있다. 어떤 사람들은 청소년들이 촉법소년이라는 상황을 **악용**한다고도 말한다. 하지만 청소년에게 형사 처벌을 하는 것은 인권을 **침해**할 수 있고, 아직 미성숙한 청소년이기에 올바른 길로 돌아갈 수 있는 기회를 줘야 한다는 주장도 있다.

촉법소년 제도의 목적은 그들이 올바른 가치관과 사회성을 기르고 그들의 나이에 맞는 방식으로 책임을 지며 더 나은 방향으로 나아갈 수 있도록 돕는 것이다.

차근차근 이해하기

 알쓸어록(알아 두면 쓸모 있는 어휘 기록)

보호 처분: 죄를 범하였거나 죄를 범할 우려가 있는 소년을 선도하기 위하여 행하는 처분
악용: 알맞지 않게 쓰거나 나쁜 일에 씀
침해: 침범하여 해를 끼침

똑똑하게 분석하기

 문단별로 요약한 내용을 확인하고, (   )안에 들어갈 단어를 써 보세요.

1문단: (   )에 대한 오해
2문단: 촉법소년 (   ) 논의
3문단: 촉법소년 제도의 (   )

자유롭게 생각해 봅시다

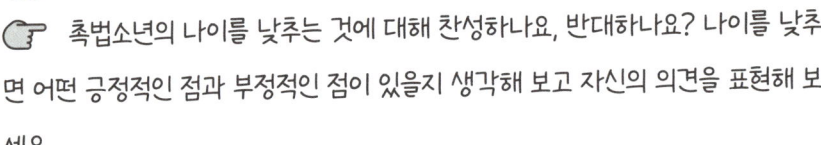 촉법소년의 나이를 낮추는 것에 대해 찬성하나요, 반대하나요? 나이를 낮추면 어떤 긍정적인 점과 부정적인 점이 있을지 생각해 보고 자신의 의견을 표현해 보세요.

확장해서 읽어 봅시다

2022년 대한민국 법무부는 촉법소년의 나이를 만 14세에서 만 13세로 낮추는 법 개정안을 만들었지만 대법원의 반대로 이루어지지 않았습니다. 대법원은 청소년이 충분히 성장하기 전에는 형벌보다는 교화가 필요하다고 말했습니다. 이러한 촉법소년 제도는 나라에 따라 다르게 운영되고 있고 청소년 범죄에 대한 대응과 교화 방법이 다양합니다.

독일은 우리나라와 비슷하게 만 14세부터 형사 책임을 묻습니다. 법적 처벌보다 교육과 교화를 더 중요하게 생각하지만 14세 이상 청소년이 중범죄를 저지르면 성인법원에서 강한 처벌을 받습니다.

반면 영국과 호주는 좀 더 어린 나이부터 법적 책임을 물을 수 있습니다. 영국은 만 10세부터, 호주는 주마다 다르지만 일반적으로 만 10세부터 법적 책임을 묻습니다. 이들은 주로 청소년 법원에서 재판을 받고 교육 프로그램이나 사회 봉사를 받습니다.

각국의 촉법소년 제도는 청소년 보호의 필요성을 강조합니다. 한국도 이러한 국제적인 사례를 참고하여 법적 책임과 교화의 균형을 맞추는 방향으로 발전해야 합니다.

1문단: **촉법소년**　　　　2문단: **연령 하향**
3문단: **목적**

ADHD? 경계선 지능?
다르지만 함께 배우고 사는 법

우리 주변에는 다양한 친구들이 있다. 그중에는 ADHD를 가진 친구와 경계선 지능을 가진 친구도 있다.

ADHD는 주의력이 부족하고 가만히 있기 어려운 특징이 있는 장애이다. ADHD 친구들은 머릿속에 재미있는 생각이 많고 에너지가 넘치지만, 집중하거나 행동을 조절하는 데 어려움을 겪어서 산만하다는 평가를 듣기도 한다. 수업에 집중하지 못하고 자신감이 떨어질 수 있기에 ADHD는 조기에 치료와 관리가 필요하다.

경계선 지능은 IQ가 70~85 사이인 친구들을 말한다. 이 친구들은 특수 교육 대상자는 아니지만 일반 학생보다 학습 속도가 느린 편이라 '느린 학습자'라고 불리기도 한다. 새로운 내용을 이해하고 배우는 데에 시간이 걸리고 반복 학습이 필요하다.

이처럼 서로 다른 친구들 사이에는 작은 배려가 도움이 될 수 있다. ADHD 친구에겐 짧고 집중된 학습 시간, 신체 활동, 칭찬과 긍정적인 말이 필요하다. 경계선 지능 친구에겐 반복 학습, 작은 목표 세우기, 학습 계획 세우기가 도움이 될 수 있다. 모든 친구는 각자의 속도와 방식이 있기에 서로의 다름을 이해하고 도우면 모두가 즐겁게 지낼 수 있다.

차근차근 이해하기

 알쏠어록(알아 두면 쓸모 있는 어휘 기록)

주의력: 한 가지 일에 마음을 집중하여 나가는 힘
조기: 이른 시기

똑똑하게 분석하기

☞ 문단별로 요약한 내용을 확인하고, (   )안에 들어갈 단어를 써 보세요.

1문단: (   ) 성향의 친구들
2문단: (   )의 특징
3문단: (   ) 지능의 특징
4문단: 서로 간의 (   )와 배려

자유롭게 생각해 봅시다

☞ ADHD를 가진 학생들이 학습이나 사회적 상호작용에 어려움을 겪는 경우에는 특수학급에서 지원을 받을 수도 있어요. 여러분은 ADHD를 가진 친구들이 교실에서 분리되어 특수학급에서 수업을 받는 것에 대해 그들에게 긍정적이라고 생각하나요, 부정적이라고 생각하나요?

확장해서 읽어 봅시다

ADHD는 '주의력 결핍 및 과잉 행동 장애'입니다. 주의력이 부족하고, 가만히 있지 못하거나 충동적으로 행동하는 것이 특징입니다. 보통 어린 시절에 나타나지만 어른이 되어서도 계속될 수 있습니다.

ADHD가 생기는 이유는 아직 정확히는 모르지만, 가족 중에 같은 증상이 있는 경우 나타날 가능성이 높다고 합니다. 엄마가 임신 중에 흡연 혹은 음주, 약물 사용 등을 한다면 위험을 높일 수 있습니다.

ADHD는 주로 세 가지 모습으로 나타납니다. 첫째, 집중을 잘하지 못합니다. 수업에 잘 집중하지 못하고 숙제를 자주 잊어버릴 수 있습니다. 둘째, 몸을 계속 움직이거나 소리를 내는 과잉 행동을 보입니다. 셋째, 생각 없이 갑자기 행동하는 충동성이 있습니다. 친구 말을 끊거나 줄을 서는 걸 기다리지 못하기도 합니다.

어른이 되어서도 ADHD 증상이 남을 수 있습니다. 이 경우에는 일을 잘 정리하지 못하거나 시간을 잘 못 맞추는 어려움이 생깁니다. 사람들과의 관계도 힘들 수 있지만 치료를 잘 받으면 충분히 나아질 수 있습니다.

답

1문단: **다양한**   2문단: **ADHD**
3문단: **경계성**   4문단: **이해**

중학교에 가기 전에 반드시 익혀야 할 비문학 독해에 관한 모든 것
어서 와, 초등 비문학은 처음이지? 상

초판 1쇄 발행 2025년 11월 20일

지은이 권희린
그린이 편히
펴낸이 민혜영
펴낸곳 데이스타
주소 서울특별시 마포구 월드컵로14길 56, 3~5층
전화 02-303-5580 | **팩스** 02-2179-8768
홈페이지 www.cassiopeiabook.com | **전자우편** editor@cassiopeiabook.com
출판등록 2012년 12월 27일 제2014-000277호

ⓒ 권희린, 2025
ISBN 979-11-6827-364-1 74370
　　　979-11-6827-363-4 (세트)

이 책은 저작권법에 따라 보호받는 저작물이므로 무단 전재와 무단 복제를 금지하며, 이 책의 전부 또는 일부를 이용하려면 반드시 저작권자와 (주)카시오페아 출판사의 서면 동의를 받아야 합니다.

- 데이스타는 (주)카시오페아 출판사의 어린이·청소년 브랜드입니다.
- 잘못된 책은 구입하신 곳에서 바꿔 드립니다.
- 책값은 뒤표지에 있습니다.